Tout ce qui passe près de moi me parle

Tome I

Du même auteur aux éditions Mols :

Ce qui est caché aux sages et aux intelligents

Du même auteur aux éditions de l'Homme vrai :

Le couple : 1 + 1 = Dieu

L'Homme est un dieu… Déguisé en âne

De la vision de l'âne… A la vision divine

À paraître aux éditions de l'Homme vrai :

L'enfant, l'apprentissage du je(u)
de Thierry Salmeron

Le but ultime de Gilles Bojan

Thierry SALMERON

Tout ce qui passe près de moi me parle

Tome I

ISBN : 978-2-916423-05-0

La Réunion, 2009

Email : prezen@wanadoo.fr

Table des matières

Un seul juge : la réalité

Voici une leçon de vie issue d'un séminaire donné à Aix en Provence.

Lors de ce séminaire, une fois encore, nous pouvons constater qu'il y a un manque d'ouverture, un manque d'habitude à l'écoute.

Certaines personnes arrivent en guerre et ne sont pas disposées à prendre le contenu du séminaire.

Ils payent, pourtant, pour m'écouter. Au lieu de cela, ils préfèrent montrer qu'ils savent, qu'ils ont déjà entendu.

Je leur conseille de ne pas perdre de temps dans ces séminaires, de mettre en place leurs propres séminaires et non de profiter de ces rassemblements pour parader et montrer leurs connaissances. Surtout qu'au même instant, je leur fait vivre une expérience des plus intéressantes dans l'instant : celle de l'écoute ouverte, appelée aussi *Vigilance*. Mais ils préfèrent montrer leurs « *Je sais* ».

Pour une véritable compréhension, il faut d'abord adopter un état d'ouverture, d'écoute, pour ensuite le valider dans la vie de tous les jours, c'est-à-dire dans *la vraie école*.

Un peu d'explication, pour la compréhension... Il est paradoxal de venir pour apprendre la *vigilance* et d'être fermé, d'avoir le sentiment qu'il faut adhérer à quelque chose, alors qu'il suffit d'*écouter*.

Voici un exemple dont je vous laisse seul juge : lors de ce séminaire, une personne, campée sur ses positions pendant toute la durée de celui-ci, nous gratifie d'un spectacle aussi incongru qu'instructif.

Lors de son arrivée, au moment de s'asseoir, elle manque de s'étaler et se rattrape de justesse. Ensuite, après avoir déposé ses lunettes sur ses genoux elle se relève et les laisse choir. Pas de casse. Pendant la pause, en sortant de la salle, elle percute un bloc de béton, visible, et manque de s'étaler de nouveau. Pendant toute la durée du séminaire, axé entre autre sur la vigilance, elle nous a montré que la sienne était inexistante.

À la fin du séminaire, elle repart, tête haute, fière et persuadée d'avoir déjà tout compris. Dix minutes plus tard, cette dernière revient la tête basse : elle avait oublié son énorme panier posé devant sa chaise…

Les méthodes du bourricot

J'ai pris une nouvelle leçon de vie : le besoin express de figer une leçon de vie en méthode prête à l'emploi.

Voici une anecdote que j'ai vécue lors d'un séminaire. J'explique comment vivre le présent en simulant l'activité d'un peintre, tout en précisant que le présent se vit dans tout acte du quotidien comme par exemple mettre la table.

Aussitôt, un participant fige la scène et s'empresse, arrivé chez lui, d'acquérir les accessoires du parfait peintre débutant et se lance dans cette activité, croyant par ce moyen avoir trouvé une méthode pour baigner dans le présent. Ayant enfin mis des couleurs dans sa vie, il exclut toutes les autres activités de la vie de tous les jours, jugés banales. Il sépare la vie du présent avec une vigilance sélective.

Pourquoi une telle attitude ?

Elle est issue d'une peur du changement donc de la peur de la vie. Ce qui est plus rassurant, c'est de fixer un espace de bien-être où il peut revenir aussi souvent qu'il le désire à son bon vouloir.

L'école de la vie nous présente des expériences différentes afin de nous adapter. Comment pourrait-on s'adapter avec une méthode ? C'est impossible. Essayez, vous verrez.

Voici un exemple pour imager la situation :

Un jeune homme a un problème de conflit avec un de ses camarades et décide de demander conseil à son père habitué à suivre la vie depuis plusieurs années.

Arrivé près de lui, celui-ci lui propose de l'accompagner car il doit voir une personne qui lui doit de l'argent. Face à cette personne visiblement agressive, le père reste calme et lui expose sa vision des choses. Il transforme alors la situation, au départ conflictuelle, et obtient son paiement.

De nouveau disponible pour son fils, le père lui demande de quoi il s'agit. Le fils répond alors que ce n'est plus la peine.

« Tu m'as appris à observer et là, j'ai vu comment tu as fait pour résoudre ton conflit. Cela répond parfaitement à ma question ».

« Ah oui, et qu'as-tu appris » ?

« Qu'il faut rester calme, serein, comprendre son interlocuteur, aller dans son sens pour ensuite dialoguer dans un climat de paix. »

« Tu es un BOURRICOT… Qu'avais-tu envie de dire à ton camarade » ?

« Je suis en colère, je voulais lui dire ses quatre vérités et je pense que je me serais énervé ».

« Que comptes-tu faire de cette colère » ?

« … Rien ».

« Tu vas la garder et elle te rongera. Non, va et exprime cette colère. Accepte les expériences de ce genre jusqu'au jour où tu te comporteras comme moi aujourd'hui. Mais cela sera la résultante de ta vigilance et de l'absence de tout venin à l'intérieur de toi. Si tu préfères mimer un comportement selon des critères de convenance ou de ce qu'il faudrait être, alors tu cours à ta perte ».

« C'est la vie de tous les jours qui t'enseigne. L'école de la vie. Va voir ton camarade et affronte cette expérience. La vie t'en présentera une autre, et encore une autre, tu auras encore du venin jusqu'au jour où tu seras surpris de constater que toutes ces expériences vécues t'ont vidé de tout ce venin émotionnel ».

La vie propose tous les jours un enseignement à travers une expérience qui demande à être vécue. Il suffit alors d'avoir l'honnêteté vis à vis de soi et de respecter l'émotion du moment, tout en la voyant, afin de jouer le jeu jusqu'à son épuration.

Petit à petit, cette expérience revécue à maintes reprises sera transcendée (dépassée).

Une personne préparée par la vie comme le père dans cette anecdote peut ainsi résoudre tout conflit et peut tout envisager pour y parvenir dans l'instant.

L'attachement à une méthode ou à des connaissances nous fait perdre peu à peu notre capacité d'adaptation, donc la vie. À bon entendeur…

Formatés à l'ortograf

Il se dégage un thème cette semaine : l'attachement à la langue française.

Nous parlons uniquement de cet attachement parce que celui-ci, plus que tout autre, nous est inculqué dès notre plus jeune âge et qu'il agit comme un formatage.

Pourquoi est-il aussi vicieux ?

Peut-être parce que nous avons subi une longue formation, parfois difficile pour certains qui se souviennent sûrement des 0/20 en dictée. Or, si nous devions changer de système pour une orthographe simplifiée, cela serait vécu comme un retour en arrière, cela serait synonyme d'échec pour notre esprit, sans compter le sentiment d'injustice que nous éprouverions sans doute face à tous les futurs élèves qui n'auraient pas à passer par les mêmes épreuves.

Peut-être aussi parce qu'il faudrait une réadaptation. Celle-ci ne pourrait se faire sans douleur tant l'orthographe est inscrite dans nos cellules telle une part intrinsèque de notre être. Nous avons été formatés par les traumatismes des dictées, par les encouragements des parents qui nous poussaient à écrire correctement, si bien qu'aujourd'hui, il serait peut-être impossible de changer. À cela, s'ajoute l'esprit conservateur du Français qui est plus enclin à refuser tout changement, toute ouverture et toute adaptation.

L'attachement à la langue française est probablement vicieux pour toutes ses raisons, mais la principale reste sans conteste la domination de l'autre.

Est-il possible d'imaginer votre enfant sachant écrire aussi bien que vous dès le plus jeune âge, dans un monde, où *celui qui sait* domine *celui qui ne sait pas*, dans un monde où les hommes préfèrent s'entourer d'une aura de connaissances et quand celle-ci est utilisée pour humilier l'autre ?

La connaissance est davantage utilisée pour dominer plutôt qu'enseignée dans un but de partage. Et dans ce contexte, comment une personne de bonne foi pourrait expliquer que *fils* (à papa), s'écrit F I L S et non F I S ?

Étant sensible à ce sujet, je discutai récemment avec un académicien, qui, bien qu'attaché à la langue française, reconnut le mérite de la simplification de l'orthographe.

Les grandes lignes sont très simples. Il s'agit de rapprocher le plus possible l'orthographe de la phonétique, la parole écrite de la parole parlée. Un signe pour un son, un son pour un signe, sans tomber dans l'extrême du langage texto des adolescents, du verlan, de l'argot ou d'une suite de mots attachés, etc. Nous écrivons selon ce que nous entendons et non pas selon ce que nous voyons. Certains mots s'écriront de plusieurs façons et la faute n'existera plus. Le mot *maintenant* s'écrit *mintnan* ou *mintnen*.

L'enseignement orthographique disparaîtrait avec ses vices de toute sorte, on apprendrait dans les écoles à parler correctement, ce qui est impossible dans tout autre système.

Et maintenant, passons à la pratique : É mintnan, pason a la pratic :

Que ressentez-vous à la lecture de cette phrase ? Ecrivez à votre tour une phrase selon ce que vous entendez, puis relisez-vous.

Que ressentez-vous ?

Vous ressentez un allègement à l'écriture et la trace de votre formatage à la lecture ?

En définitive, ne serions-nous pas en train d'expérimenter nos propres limitations ? Ne laisserions-nous pas la place à nos émotions, notre manque d'ouverture, en quelques mots, à notre manque d'adaptation ?

Ne serait-ce pas cela la vraie communication ?

L'attente de l'ultime

Un questionnement se détache largement au sujet de *l'attente* ces dernières vingt-quatre heures. Notre sujet sera donc *l'attente*, mais plus particulièrement, l'attente d'un résultat suite à une action menée.

Comment comprendre que nous puissions rester attentistes, dans l'obtention d'une réponse, comme si notre vie en dépendait ?

Quel est le dénominateur commun entre toutes ces attentes de réponse ?

Le résultat serait-il l'aboutissement ? Ou cela viendrait-il d'un besoin compulsif ?

Pour la compréhension, prenons un exemple fictif et anecdotique :

Un jour un jardinier décide de planter un poirier. Au bout d'un an, ravi, il constate que la graine a donné un joli petit arbre. Mais au bout de deux ans, il est fort déçu de voir que son arbre ne donne aucun fruit, et se met à pleurer. Alerté par les sanglots, son voisin vient le voir et lui demande les causes de son désarroi. Le jardinier lui montre son poirier sans poires. Attentif, son voisin remarque que cette variété de poirier ne donne de fruits qu'après trois ans. Réconforté et ragaillardi, le jardinier retrouve le moral et attend une année de plus. Effectivement, l'année suivante, l'arbre présente quelques poires. Arrive le temps de la maturité (celle du poirier)... Le jardinier cueille une poire et s'empresse de la goûter. Malheureusement, celle-ci a un goût qui ne lui plaît pas du tout…

Qu'aurait dû faire ce jardinier pour ne pas souffrir ?

Pour ne pas tomber dans l'attente, il aurait pu planter d'autres variétés de poiriers ainsi que d'autres fruits et légumes, et s'orienter vers d'autres activités. Il aurait été ainsi dans l'action constante, aurait découvert d'autres pôles d'attraction et ainsi aurait pu récolter d'autres fruits. Le moment de la récolte de l'un l'aurait même surpris en pleine semailles de l'autre.

Nous nous apercevons que l'attente génère une attitude sérieuse, proche du machiavélisme, où la vie n'est pas prise comme ce qu'elle est, c'est-à-dire un jeu. Le jardinier mise tout sur son unique graine et ne développe pas le goût de l'effort ainsi que de l'action constante. Comme s'il avait planté sa graine pour se donner bonne conscience, pour être tranquille mais à la condition que celle-ci doive absolument rapporter quelque chose. Il n'y a pas de motivation et il n'y a plus de jeu. Et s'il devait y avoir un impondérable, alors il serait considéré comme un obstacle frustrant.

L'attente de l'effet escompté occulte la joie simple de l'instant, des actions quotidiennes. Le film d'une projection mentale entraîne la déception car il correspond très rarement à la réalité. L'écart entre la réalité et votre projection mentale crée votre souffrance.

Nous ne sommes pas sur terre pour accomplir l'action ultime mais pour faire nombre d'expériences diverses et variées. **Car le secret, c'est que nulle expérience n'est plus importante qu'une autre**. Il n'y a que la folie de l'Homme qui hiérarchise ses expériences.

Attendre ce que l'on a déjà

Nous avons parlé précédemment du côté pernicieux de l'attente passive d'un résultat.

Aujourd'hui, nous parlerons d'une des problématiques principales de l'attente. Comme la vie est bien faite, tandis que je rédige cette leçon de vie, un ami me contacte pour me parler d'une communication téléphonique qu'il venait d'avoir à l'instant. Voici donc, *en live*, la matière première que nous apporte la vie…

Aziza, qui vient d'effectuer un séminaire, est de bonne volonté et souhaite mettre en pratique au plus tôt, mais elle en fait un peu trop… Aussi, un matin, elle se lève et annonce : « Aujourd'hui, je veux être vigilante » ! Elle sort de chez elle, prend sa voiture, démarre et... Percute un cycliste qui fait un vol plané. La journée entière se passa dans cet esprit.

Alors, que s'est-t-il passé ?

Aziza a commis une erreur fondamentale. D'ailleurs, à ce sujet, elle est courageuse puisqu'au moins, elle a expérimenté sans peur de l'erreur. Cette erreur va la faire progresser à la vitesse de l'éclair par rapport aux frileux que ne passent pas à l'action par peur de se tromper. Mais ceci est une autre histoire. Revenons à cette erreur fondamentale : à l'instant même où Aziza demande à être vigilante, elle annonce qu'elle n'a pas ce qu'elle convoite et, du coup, elle n'enclenche rien, elle n'aide pas la vie à l'aider. Elle ne croit pas que tout est déjà là et que nous avons accès à tout. À partir du moment où l'on affirme avoir ce que l'on désire ou être ce que l'on veut devenir, on enclenche la machinerie de la vie.

L'attente, c'est un peu comme si nous demandions à ce que notre voiture possède la lumière. Elle y est, c'est à nous de l'allumer.

Si le vœu n'est pas exaucé, alors, c'est l'exaspération. Nous voyons donc qu'une attente est une affirmation d'un manque qui n'existe pas.

Cherchez l'erreur

L'erreur n'existe que si, comme tout le monde, nous la considérons comme une faute. Vous n'avancerez pas et le monde n'avancera pas si cette croyance n'est pas vue.

Souvenez-vous, à l'école, du nombre d'erreurs quotidiennes que vous commettiez, elles faisaient partie intégrante de l'apprentissage. À l'école de la vie, il en est de même. Alors que vous appreniez à marcher, vous êtes tombé des dizaines et des dizaines de fois, ce n'étaient pas des erreurs, c'était le processus normal de l'apprentissage.

L'erreur est le passage obligatoire de celui qui agit et qui arpente son chemin. C'est la seule voie royale que nous a offert la vie or elle a été alourdie d'une charge culpabilisante qui empêche l'action (donc la vie). **L'erreur est devenue l'excuse suprême de l'inaction et du non-changement**. Celui qui fait tous les jours la même chose toute sa vie ne commet quasiment pas d'erreur mais il ne vit pas. Et pourquoi sommes-nous sur terre ?

En fait, ce n'est pas trop l'erreur en elle-même qui nous bloque mais la ribambelle de jugements en tout genre qui l'accompagne. Ces jugements sont des inhibiteurs mais aussi les armes du menteur qui justifie son inaction. En effet, le manque d'erreurs est un témoin d'inaction.

Souvent, nous confondons l'erreur et la faute. La faute n'est qu'une erreur commise à répétition.

L'erreur est le résultat d'une action mais elle est aussi dotée d'une intelligence incroyable qui, si elle est vue, ne pourra nous conduire à la faute. La faute, elle, est lourde de conséquences.

J'ai connu un ancien membre du Groupe d'Intervention de la Gendarmerie Nationale (GIGN). Avant de pouvoir mettre dans le mille avec son arme lors d'une intervention musclée avec prise d'otages, il s'est longuement entraîné. Il s'est très souvent autorisé l'erreur car, dans son domaine, c'est un homme d'action. S'il avait refusé l'erreur, il n'aurait pas pu aller s'entraîner, n'aurait pu cadrer son tir et n'aurait pas connu ses réactions en situation. Le jour de l'intervention, il aurait probablement commis une faute, car, en boucle, ne pas accepter l'erreur comme un processus logique d'apprentissage est une faute.

S'il avait refusé les erreurs, il n'aurait pas pu dire comme beaucoup de personnes : « Mes fautes m'ont fait progresser et m'ont mené là où j'en suis aujourd'hui ». Car autant l'erreur balise le chemin que l'on arpente, autant la faute ne nous mène nulle part, voire dans une impasse où nous subirons une sanction.

L'erreur possède une intelligence motrice tandis que la faute, résultat de notre peur de l'erreur, est totalement dénuée d'intelligence. Une action juste peut être ponctuée d'erreurs car elle est le résultat d'actions continues. Celui qui, par contre, commet une faute ne peut s'en prendre qu'à lui car il obtient le résultat de sa mauvaise démarche intellectuelle.

L'erreur ne demande qu'une chose : être vue. À partir du moment où l'on y rajoute des jugements (bien/mal, juste/faux, exact/inexact...), ces jugements deviennent du pain béni pour ceux qui aiment se punir, se culpabiliser et se freiner dans leur vie de tous les jours.

Si vous tentez de faire quoi que ce soit de vos erreurs, vous n'avancerez pas et vous reproduirez la même erreur jusqu'à la faute.

Pourquoi considère-t-on l'erreur comme une faute ? Parce que l'on ne joue pas. La vie est prise très au sérieux et l'on ne tente rien. Alors que la vie n'est qu'un jeu. À partir du moment où vous êtes vigilant et que vous voyez une Intelligence en action, vous ne pouvez que jouer.

Bénissez celle que vous bannissiez : l'erreur.

Rappel. Un seul juge : la réalité

Nous avons la faculté, via l'esprit, de zapper la réalité. Un jour, un homme de 90 ans arrive chez le médecin pour réclamer la pose d'une pile cardiaque. Le spécialiste, le voyant plutôt en bonne forme, lui en demande la raison. « Quand je fais mon jardin, je m'essouffle alors qu'à 20 ans, ça ne m'arrivait pas. Ce n'est pas normal, il faut y remédier » !

Voilà comment, en utilisant le passé, nous justifions le présent. L'exemple précédent est énorme (et pourtant réel). Il est incroyable de s'apercevoir que, via le verbe, nous pouvons tout faire croire. Nous pouvons être très forts par le verbe, par exemple en comparant pour avoir raison : ce qui donne la comparaison.

Souvent, nous utilisons le verbe pour justifier l'inaction, la fainéantise, le profit, etc. L'utilisation des extrêmes n'étant qu'un des stratagèmes les plus connus. Un jour, sur un grand salon de la santé en Suisse, un homme prétend pouvoir tout guérir (carte anatomique à l'appui) grâce à son produit, un stylo électronique pour l'acupuncture. Je demande s'il guérit la myopie et l'homme me répond par l'affirmative. Je lui demande alors pourquoi il porte des lunettes à gros foyers. Déstabilisation, bafouillage « Oui mais pour moi, c'est différent » !

Remarquez, il existe bien un stage où une femme vous apprend la dépossession, un des plus grands sacrilèges étant de posséder une maison, et celle-ci possède une grande et superbe villa posée sur un beau terrain ! Eh bien aucun stagiaire ne lui en a fait la remarque.

La solution : le retour à la réalité immédiate. Revenez toujours à la réalité. Car on zappe la réalité au profit de l'imagination. Le passé peut servir à expliquer une réalité mais pas à l'imaginer.

Revenez toujours et encore à la réalité. **La réalité est l'amie de la personne consciente et l'ennemie de la**

personne inconsciente. Que faut-il faire pour passer de la conscience à l'inconscience ? Voir. Un peu comme Amélie qui, au sortir d'un de mes séminaires, s'aperçoit que sa thérapeute, qu'elle voit chaque semaine depuis des années pour régler ses problèmes de poids, d'argent et de recherche de l'être aimé, approche les 100 kilos, est célibataire depuis des lustres et a beaucoup de mal à boucler les fins de mois sans emprunter à tout le monde !

Méfiez-vous des possibilités de l'esprit aptes à recouvrir la réalité d'un voile illusoire. Le talent principal pour mentir aux autres et se mentir à soi-même est la conviction.

C'est dommage, car la réalité nous donne des indications précieuses. Que se soit, par exemple, un bouton de fièvre sur les lèvres ou une conjonctivite, si nous lançons à la cantonade « Tout va bien », alors nous refusons une évidence.

Ce que nous ressentons est bien réel aussi, nous ne pouvons le nier. Le fait que nous ressentions une émotion est bien réel, le nier, c'est refuser la réalité. Même si la réalité ne devrait pas engendrer cette émotion. Car la réalité elle aussi est réelle. Vous ressentez de l'anxiété devant une situation mille fois vécue pourtant. La réalité, c'est que cette situation n'a rien d'angoissant. Mais la réalité aussi c'est que vous angoissez. Il faut le voir et non le nier.

L'acceptation de la réalité quelle qu'elle soit ne pourra être souffrante. En effet, votre souffrance, c'est juste l'écart compris entre vos aspirations imaginaires et la réalité.

Le problème, c'est que l'être humain ne s'autorise pas les moments de joie simple. Par l'esprit, il va pourrir l'instant. Ainsi, habitant dans le nord de la France et ayant la chance de descendre dans le sud pour les vacances de Noël, il va trouver le moyen de se rendre malade sur la plage par 20° au soleil un 24 décembre. Simplement parce que la réalité, habituellement, ne l'intéresse pas. Alors, par réflexe, même dans des conditions optimales, il va créer le désordre.

Dans tous les cas, revenez toujours à la réalité.

Volcan zen

Que faire avec ses émotions ? Réponse : rien. Et nous allons voir pourquoi.

L'émotion est souvent refoulée afin de ne pas souffrir et/ou ne pas faire souffrir. Le problème, c'est qu'elle ressort plus tard, voire beaucoup plus tard et arrive comme un cheveu sur la soupe lors d'une situation quelconque.

C'est ce qui se passe quand *on ne sort pas ses poubelles*, c'est-à-dire que l'on ne laisse pas sortir son *venin émotionnel* ou cette *boue émotionnelle* dans l'instant. Comme un ressort qui se tend en nous, les non-dits trop longtemps gardés vont jaillir à la face d'un congénère surpris par la disproportion de la réaction.

La semaine dernière, je me trouvais en ville lorsque je rencontre une amie, Juliette, accompagnée de ses parents venus lui rendre visite du nord de la France. Mes enfants qui sont eux aussi présents suscitent toute l'attention de la mère de cette amie. Elle les prend dans ses bras, les couvrant de baisers. Arrive une femme, simple d'esprit qui lui dit, en lui postillonnant dessus, « Vous aimez les enfants, vous, ça se voit ! Vous les aimez beaucoup (trop ?), moi je ne les aime pas autant que vous, peut-être parce que je n'en ai pas eu » ! Et elle s'en va. Une belle grosse pièce d'un puzzle qui, assurément, va remuer.

Une autre pièce du puzzle arrive quand Juliette, mon amie, toujours accompagnée de ses parents, engage la discussion avec un homme rencontré en ville. Quand cet homme apprend que Juliette est fille unique, il balance à la mère de cette dernière « Ah ! Elle a été gâtée pourrie alors » ! Juliette ne dément pas car, et cela se retrouve encore dans sa façon d'appréhender la vie aujourd'hui, c'était vrai.

Le lendemain, au cours d'un repas, la mère de Juliette demande des explications à sa fille. Cette dernière, sans rien lui reprocher, lui confirme qu'effectivement, elle a été gâtée et surprotégée. Explosion de la mère qui refuse catégoriquement d'accepter les faits et qui ressort des choses du passé enfouies en elle depuis des années. Juliette s'entend donc dire qu'elle a pourri les dix dernières années de sa mère ! Et son père apprend qu'il n'a pas joué son rôle de père ! La mère de Juliette donne même des dates précises vieilles de plusieurs années où Juliette lui aurait dit ou fait telle ou telle chose ! Terrible. Cette rancœur, entretenue depuis des années, venait tout juste de sortir. Quels dégâts ces rancœurs non verbalisées avaient-elles occasionné en elle ? Surtout que la réalité de l'époque, simple, a été déformée, que les souvenirs sont faussés parce que l'on a tout gardé et que les proportions grandissent de jour en jour. **Le temps n'efface rien, il insensibilise, tout au plus**.

Alors que faire de l'émotion ? Rien. Mais ce qui va tout changer, c'est, maintenant, de la voir à chaque fois qu'elle pointe son nez et surtout, si l'on a envie de la laisser sortir, le faire, de n'importe quelle façon. Refuser de laisser sortir une émotion (tristesse, colère, honte, culpabilité, jalousie, etc.) est une violence que l'on s'inflige, un ressort que l'on compresse en soi et qui jaillira d'un coup, un jour, au visage de quelqu'un.

Il s'agit, quand l'émotion arrive, de la voir, l'exprimer et ne pas avoir peur de ce que l'on fait. Vous pensez que les rapports humains doivent être lisses comme le marbre, 365 jours sur 365 et que vous avancerez comme ça ? Vous ne croyez pas à la puissance libératrice et au pouvoir régénérateur d'un mini chaos. Qu'est-ce qu'un mini chaos, un petit séisme ou un tsunami ? Ce peut être une émotion qu'on laisse sortir face à quelqu'un, pourquoi pas la colère, et qui va créer, une fois le temps de la réaction passée, une certaine harmonie qu'on était très loin de vivre avant.

Qu'est-ce qui fait qu'on ne laisse pas sortir l'émotion ? Les raisons sont diverses mais ont toutes en commun, la peur. Peur de souffrir, de faire souffrir. Parce que laisser sortir une émotion, c'est dire. Et dire, c'est s'exposer. Peur d'entacher une image *socialement correcte*. Peur de ne pas correspondre à l'image *spirituellement correcte* de celui qui a la maîtrise de soi en pleine mode zen. Nous confondons *feindre la paix* et *être en paix*. L'un est une violence quotidienne que l'on s'inflige, l'autre est une résultante d'une vigilance quotidienne.

Alors pourquoi est-ce une violence que l'on s'inflige ? Parce que, si vous êtes vigilant et donc observateur, vous aurez remarqué que la vie vous met dans des situations qui vont vous présenter ce que vous avez en vous que vous n'avez pas conscientisé, et elle va vous donner l'occasion de l'exprimer. Le refus d'un éventuel petit conflit avec votre interlocuteur vous prive de l'aide apportée sur un plateau par la vie. Parce que ne croyez pas que votre interlocuteur ait le pouvoir (divin ?) de vous insuffler de la colère ou de la culpabilité. Non, cette culpabilité, cette colère ou toute autre émotion était là et cette personne, face à vous, n'est qu'un acteur du jeu de la vie. Il est là pour vous, pour vous montrer ce qui est encore caché en vous, latent, et qui teinte vos pensées, paroles et actions de jalousie, d'auto dévaluation, etc. **Comprenez que la vie est votre révélateur, des années lumière plus efficace qu'une heure par semaine dans le cabinet d'un psy. Elle est toujours avec vous, en vous, vous enseigne sur vous à chaque seconde**.

Alors quoi ? Mes réactions émotionnelles vont durer à vie ? C'est ce que vous croyez et c'est aussi pour cela que vous ne les exprimez pas. En fait, pas du tout. Un jour, plus rien ne vient. L'émotion a été vue et exprimée des dizaines et des dizaines de fois. On s'aperçoit qu'au fur et à mesure, elle revient moins souvent et avec beaucoup moins de force. Un jour, rien ne sort. Je voudrais bien me mettre en colère ou culpabiliser en souvenir du bon vieux temps, mais là, rien ne vient. Je suis en paix avec ça. Réellement. C'est non feint. C'est une résultante de toutes ces fois où j'ai vu l'émotion et où je l'ai laissée sortir en l'observant, tout simplement…

1000 %

Fort est de constater que beaucoup de personnes ont un sentiment de manque. C'est le nouveau mal du siècle.

Mais pour que l'explication soit la plus complète possible, posons-nous la vraie question : de quel manque s'agit-il ? C'est le sentiment de ne jamais avoir assez : d'argent, de temps, de luxe, etc.... Alors d'où vient cela ? Nous sommes pourtant bien dans une société de surconsommation à la pointe de nos moindres désirs. Qu'est-ce que la surconsommation ?

La surconsommation s'observe lorsqu'une personne développe des habitudes de consommation pour apaiser son mal-être et combler le vide émotionnel qui l'habite. Très souvent, ce mal-être (ennui, colère, angoisse, frustration…) est intimement lié à une faible estime de soi, voire même à des sentiments négatifs à l'égard de soi-même. De là, l'immense besoin d'être aimé, valorisé, reconnu et même, parfois, de trouver un sens à sa vie.

Des déguisements pour plaire et être aimé, des livres pour les connaissances que l'on aimerait maîtriser, des crèmes pour rester jeune et oublier notre peur de la mort. La vie moderne oblige les consommateurs que nous sommes à exercer des choix complexes qui demandent beaucoup plus de vigilance. Ouvrons à présent quelques pistes…

Une famille se rend au cinéma. Si les parents n'y prennent garde, au prix des places (aux alentours des 8 euros par personne), s'ajoutent les boîtes de pop-corn à l'américaine (à peu près 8 euros par personne !) ainsi que les boissons (4 euros par personne), sans compter les parties de jeux électroniques (2 euros la partie éclair) pour patienter en attendant le début de la séance. On peut y rajouter les repas à la pizzeria après la séance.

Pour deux adultes et deux enfants, ça fait très cher (à peu près 150 euros).

Alors être conscient, c'est faire la différence entre les dépenses nécessaires et les dépenses superflues. Nous n'avons plus le sens des valeurs. Ce qui était avant un aboutissement, comme par exemple acheter une belle BMW, est devenu du *jetable*, un acte de plus, presque banal sur le chemin du toujours plus.

Le manque et la course à la consommation nous masquent le plaisir de la simplicité. Il est sûr que la tentation est omniprésente pour la personne atteinte du manque car l'appel à la surconsommation est présent partout.

Pourquoi surconsomme-t-on ? Réponse : l'ennui. Il faut donc combler ce vide par des achats compulsifs. Si vous êtes dans ce cas ou si vous connaissez des personnes qui y sont, alors vous devez vous apercevoir que tout achat peut être justifié. Or, il n'y a pas de manque justifié, il suffit de voir le problème psychologique qui entraîne ce manque.

Si l'on supprimait certains besoins minimums : eau, gaz, électricité, chauffage, voitures… Nous nous rendrions compte tout à coup de tout ce dont on se surchargeait. Un peu comme l'un des rôles de la maladie qui nous sert à nous recentrer sur nous, nous occuper enfin de nous et de nos besoins fondamentaux car elle nous a enlevé les préoccupations légères et superficielles.

Quant au manque des pays pauvres, le dysfonctionnement est connu : des pays sont très riches, gaspillent tandis que d'autres survivent et ont déjà beaucoup de mal à répondre à leurs besoins fondamentaux. Mais à l'origine, la mère fait un gâteau pour ses 3 enfants. Le premier enfant entre dans la cuisine, prend les ¾ du gâteau et va s'empiffrer dans sa chambre où il se rend malade et en jette une partie à la poubelle. Le deuxième enfant entre dans la cuisine et mange la dernière part. Le troisième enfant arrive dans la cuisine, voit quelques miettes dans un plat et se doute bien qu'il y avait un gâteau. C'est inégal. Mais à l'origine… Il y en avait pour tout le monde.

Nous, nous faisons partie des pays riches. Nous vivons à 1000% de nos besoins. S'il fallait seulement revenir à 100%, c'est-à-dire à la normalité, nous crierions au scandale, nous nous sentirions lésés, etc. Vous ne me croyez pas ? Observez-vous…

Ambiance

Tout est ambiance. Toute notre vie, nous passons d'une ambiance à une autre. La conscience réside dans le fait de s'en apercevoir ou pas. D'ailleurs, nous captons une ambiance lorsque nous faisons vraiment ce que nous devons faire. Ainsi, en passant d'une ambiance à une autre, nous menons une vie pleine.

L'ambiance peut être agréable ou non. Une dispute génère une ambiance particulière tout aussi valable qu'une ambiance de fête. D'ailleurs, vouloir sortir d'une ambiance, y échapper, est souvent une fuite.

L'ambiance donne du volume, elle n'est ni bonne ni mauvaise et chacun peut y participer. Beaucoup profitent des ambiances générées par d'autres sans y participer. Ils se cantonnent dans le rôle aisé de spectateur et, souvent, dans les souvenirs d'après-soirée, par exemple, sont associés à ceux qui ont mis l'ambiance sans qu'ils n'aient jamais risqué d'y mettre un peu d'eux-mêmes.

Prendre conscience de l'ambiance c'est de la vigilance et un début de prise de conscience. En effet, ce sont les sens qui vont capter les signes extérieurs d'une ambiance : chaleur et crépitement d'un feu de cheminée dans le salon, odeur de sueur dans une salle de boxe, musique abrutissante dans une discothèque, etc.

Beaucoup ne prennent pas conscience de l'ambiance, ne sont pas sensibles aux ambiances alors que l'ambiance existe. Si vous dites « il n'y a pas d'ambiance » en entrant quelque part, c'est que l'ambiance ne vous correspond pas. Certains peuvent même parasiter une ambiance parce qu'ils n'ont pas vu qu'il y avait une ambiance. Ils imposent alors leur *ambiance intérieure*, ceci inconsciemment.

La première chose à faire est de prendre conscience de l'ambiance car elle est une aide précieuse dans la réception de l'enseignement de la vie. Vous pouvez ensuite agir consciemment sur cette ambiance, l'agrémenter ou, au contraire, faire retomber cette ambiance initiale pour faire passer un message.

Mais avant cela, il faut prendre conscience des différentes ambiances : dans votre salon, dans la rue, avec vos enfants, seul, aux toilettes, dans la voiture, etc. Bonne vigilance !

Action !

La semaine dernière, Fatima est allée se plaindre auprès d'un ami qu'après m'avoir appelé au téléphone, je lui avais tout simplement dit que la prochaine fois qu'elle appellerait, je lui raccrocherai au nez ! Voulant éclaircir cette histoire, je menais donc mon enquête. Je vous livre ici le fruit de mes investigations.

Fatima m'appelle pour me faire part de ses peurs. En effet, célibataire depuis deux ans, un homme commence à lui tourner autour et a même laissé des messages sur son répondeur car il désire ardemment la voir. S'il laisse des messages, c'est que Fatima s'arrange pour ne pas lui répondre. Elle veut sortir de son célibat mais ne répond pas à celui qui peut l'aider à en sortir ! Paradoxal non ? Surtout que c'est quelqu'un de charmant.

Bloquée par ses peurs, Fatima se terre dans sa tanière. Il ne lui reste que le téléphone ou le courage. Elle choisit le premier. À l'autre bout du fil, j'écoute dans les limites de ma patience, c'est-à-dire deux secondes, les plaintes lancinantes de Fatima : « J'ai peur », « Je ne sais pas quoi faire », « Je ne sais pas si j'y arriverai », « La dernière fois avec un homme ça s'est mal passé », « Et si ça ne le fait pas », etc.

Je lui demande alors pourquoi elle raconte ses peurs. **Je ne suis pas obligé d'écouter toute la folie que les gens ont dans leur tête...** Ne racontons pas nos peurs, voyons-les et agissons. Pourquoi raconter ses spéculations, expérimentons plutôt. Quitte à raconter une masturbation intellectuelle autant raconter alors ses ébats à deux. Il est infiniment plus constructif et vivant de parler après expérimentation. Parler avant expérimentation de ses peurs et spéculer durant des jours et des nuits pue le renfermé. Et c'est normal puisque vous tournez en rond dans votre tête en circuit fermé. Aérez-vous l'esprit et c'est en dehors de votre tête, dans l'action, dehors, dans la vie que ça se passe !

Les spéculations sont les justifications bien pratiques du fainéant.

Je lui explique alors que je reste disponible à une conversation constructive. Je reste friand de récits d'expérience, d'actions même minimes, de mouvement. Le déballage de peurs et de spéculations m'ennuie profondément et je raccroche, préférant offrir de mon temps aux personnes courageuses qui, bien que sujettes aux peurs elles aussi, les voient et agissent.

L'ennui favorise les spéculations comme la solitude favorise la cogitation. Il faut donc, le plus souvent, passer à l'action et se trouver en interaction avec nos congénères.

Si vous souhaitez monter une entreprise, petite ou gigantesque, il y a « Est-ce que je vais y arriver ? », « Et si je me plante ? », « J'y ai mis toutes mes économies », « C'est ma dernière chance », « Ma sœur, elle n'a pas réussi », « Ma sœur, elle au moins elle a réussi », etc. Puis il y a le fait de prendre sa voiture ou les transports en commun et de se rendre à la chambre de commerce et d'industrie, à la préfecture, etc. Ceci est l'action juste, le reste n'est que pure folie. Limite une maladie. Cette folie peut vous accompagner à la préfecture, pourquoi pas mais en aucun cas prendre le pas sur l'action.

« Oui mais si je fais une erreur »... Tant mieux, vous le savez. Celui qui fait des erreurs est un seigneur car cela prouve qu'il agit par rapport à celui qui se cache de la vie.

« Oui mais je ne sais pas dans quelle direction aller »... La vie est un jeu, ne l'oubliez pas, prenez une direction et vous verrez assez tôt si elle vous convient. Vous vous imaginez lors d'un jeu de société entre amis, attendre à la croisée d'un chemin d'avoir toutes les cartes pour donner une direction à votre personnage ? Où est votre esprit d'aventure ? La partie sera terminée, vos amis rentrés chez eux depuis longtemps et vous, vous serez seul devant votre plateau de jeu à spéculer sur les risques et erreurs à venir ! Vous serez passé à côté de votre vie. Nous sommes ici pour expérimenter, non pour déballer nos peurs. Surtout que nous pouvons être surpris lors de l'expérience. Un résultat inattendu, une réaction de notre part que nous n'avions pas envisagé, etc.

L'expérimentation permet à beaucoup de sortir de leur torpeur. C'est l'action, c'est excitant, c'est la vie ! Et nous sommes là pour ça. Nous sommes là pour nous connaître et, pour se faire, il faut privilégier l'action car **notre personnalité ne se dévoile que dans l'action**.

Qu'il est bon alors de parler entre personnes qui expérimentent, il y a tant de choses à dire et à éclairer par rapport à une discussion ténébreuse et morte faites de peurs et de spéculations. Action !

Aventuriers mais pas trop

Je vous écris aujourd'hui de l'île de la Réunion. Je transpire sur mon clavier par 32° à l'ombre et 90% d'humidité. La fenêtre du salon est grande ouverte sur la végétation luxuriante et les cris des oiseaux aux couleurs vives, ce qui me confirme bien que je suis très loin de la métropole.

Très loin et pourtant proche de vous car les gens de la métropole (les métros) abondent sur l'île. J'ai déjà longuement discuté avec nombre d'entre eux et ai déjà remarqué une incohérence. La chaleur n'a décidément pas entamé ma vigilance et, malgré un soleil éclatant, des zones d'ombre subsistent qui doivent être mises en lumière. N'oubliez pas que vous n'avez qu'un enseignant : la vie. Il n'y a qu'à ouvrir ses yeux et ses oreilles, bref rendre ses sens disponibles à ce qui se passe à proximité.

Beaucoup de métros arrivent sur l'île comme des héros car, selon leurs dires, « ils ont tout quitté ». Ils ont quitté leur terre natale, leur famille, leur travail, leurs repères, etc. Ce sont des aventuriers.

Mais qu'en est-il en réalité ?

Je m'aperçois que, bien souvent, l'expérience est tronquée. En effet, le départ de métropole a été sur-préparé ainsi que l'arrivée sur l'île. Le nouveau travail a été trouvé à partir de la métropole, le contrat signé par correspondance, la maison ou le bungalow a été loué à partir de la métropole et surtout, une grosse réserve d'argent est là, tel un coussin de sécurité pour parer à tout. Et il y a un salaire mensuel immédiat.

Qu'en est-il par exemple des fonctionnaires qui arrivent sur l'île, y vivent et en repartent en ayant toujours été dans un cocon isolant ? Que ce soit un prof, un postier ou un militaire, gendarme ou autre, les avantages isolants de l'aventure sont nombreux : déménagements (arrivée - départ) payés, salaire multiplié, logement de fonction (avec clim pour passer réellement des nuits réparatrices), communauté (caserne ou autre) où tous les avantages sont présents, etc.

Le problème ne se situe pas ici. Bénéficier d'avantages, pourquoi pas, au contraire. Mais la lumière doit être mise sur le fait que certains se considèrent comme des aventuriers ayant pris des risques. C'est pour cela et ceux-là que le réveil doit sonner.

Thierry a rencontré des métros qui sont arrivés sur l'île sans rien. Ils se sont retrouvés sur le tarmac de l'aéroport sous une chaleur écrasante avec leurs enfants et leurs bagages. Et une confiance énorme. Ils ont trouvé à se loger, même temporairement. Pendant que la femme défait les bagages, range, prend ses marques dans le quartier, s'occupe de la marmaille, l'homme est déjà dehors. Celui-ci achète le téléphone portable à 1 euro, achète la voiture d'occasion (il payera la première traite à la fin du mois car il n'a rien) et, en ville, il cherche un travail. En quelques jours, il a tout réglé, son nouveau patron lui a accordé une avance, le mois prochain il aménagera avec sa famille dans une maison louée pas trop cher. La femme a inscrit la marmaille à l'école, elle a trouvé à rendre des services rémunérés dans son domaine, ils sont dans l'action, ils sont heureux, ils ne s'inquiètent pas et vous savez quoi ? Malgré le petit exploit qu'ils viennent d'accomplir, ils ne se vantent pas.

Ce qui n'est pas le cas de certains aventuriers aseptisés décrits plus haut qui se mettent au même rang, voire même beaucoup plus haut que les *chiffonniers* arrivés *à l'arrache* (mais confiants).

Je me suis permis de remettre les pendules à l'heure chez certains et me suis donc fait quelques ennemis à plusieurs milliers de kilomètres de chez moi. Heureusement, j'ai pu avoir des discussions avec des fonctionnaires humbles, gendarmes ou autres qui ont bien conscience qu'ils sont arrivés ici dans des conditions privilégiées par rapport à d'autres.

Certains aventuriers aseptisés sont devenus alors plus vindicatifs et prônent alors leur *ouverture au monde*, leur *partage des cultures* et autres bonnes raisons et justifications de leur présence sur l'île. Je leur demande alors pourquoi leur ouverture au monde se fait toujours là où il fait chaud, là où il y a la mer ou l'océan, un ciel bleu et des palmiers ? Pourquoi les cultures qui les intéressent sont les cultures exotiques où ils cultivent le farniente. Et la Russie alors, par exemple ? Elle ne fait pas partie du monde ? Et la culture biélorusse alors, elle ne mérite pas notre intérêt ? Fausses excuses que tout cela. D'ailleurs, j'attends encore les réponses à mes questions.

Allez, je vous laisse, je pars à l'aventure dans la végétation luxuriante du cirque de Mafate ou dans la galerie climatisée des magasins bien alignés de Carrefour, je ne sais pas encore…

La réalité du camembert

Connaissez-vous le camembert ? Pas le fromage mais le diagramme circulaire pour les statistiques. Vous savez, le cercle coupé en différentes portions comme des morceaux de fromage sur lesquels seraient inscrits des pourcentages.

Eh bien j'ai des amis célibataires et plus particulièrement une, Sophie, qui cherche son âme sœur avec, comme critère principal, un physique superbe un peu à la Brad Pitt.

Et là vous vous dites quel rapport entre Brad pitt et un camembert ? J'y viens. Outre le fait, déjà, que

Sophie soit très loin de posséder un physique à la hauteur de son acteur préféré (il la croise dans la rue, il ne la voit pas, aussi insignifiante pour lui qu'un lampadaire, et encore, ce dernier donne de la lumière), elle met comme critère principal pour l'homme de sa vie, le physique. Cela veut dire que dans le camembert que représente son promis, le physique représente 80 %.

Reste donc 20 % pour : la fidélité, le travail, l'attention, s'occuper des enfants, les aimer, les travaux ménagers, etc.

Ça fait peur non ?

Beaucoup de célibataires ne pensent pas à cela. Surtout que beaucoup se trouvent beaux et/ou intelligents et pourtant restent seuls. Ça, c'est la réalité. Comment se fait-il qu'ils soient si beaux et qu'ils ne trouvent personne ? Il est vrai que la solitude favorise la cogitation. Si le célibataire n'y prend garde, il vit dans sa tête et ne voit plus la réalité.

Si le célibataire qui se trouve beau (mais qui pourtant reste seul) vous voit avec une belle femme, il ne comprend pas. Vous avez un physique commun, vous n'êtes pas spécialement intelligent (par rapport à l'image que le célibataire se fait de lui), lui est très beau et c'est vous qui possédez la belle femme. C'est à n'y rien comprendre !

Deux solutions : soit vous avez eu de la chance et cela ne va pas durer, soit votre compagne est aveugle ou trop bête pour se rendre compte de son erreur.

Le problème, c'est la réalité. Satané réalité. Qui nous renseigne et nous trahit aux yeux des autres. Vous êtes moche, inintéressant et vous avez une femme intéressante tandis que le beau et génial célibataire ne trouve pas chaussure à son pied. Cherchez l'erreur. **La réalité parle le langage de la vérité par rapport à tous les délires mentaux que chacun peut se faire**.

Il s'agit de revenir à la réalité, connaître ses défauts et ses qualités. Et surtout de bien réfléchir avant de miser 80 % sur le physique d'une personne. Je connais un homme très beau qui a souffert toute sa vie de problèmes d'érection. Cela ne veut pas dire que toutes les personnes présentant un bon physique ont de graves problèmes. Cela veut juste dire qu'il y a une répartition et qu'il faut en tenir compte. Repensez au camembert quand vous énumérez vos exigences…

Compassion mal placée

J'ai reçu, cette semaine, une lettre très intéressante où il est question d'une femme qui, selon ses dires, suit maintenant la vie ce qui a occasionné un terrible mal-être chez son mari. Elle se questionne sur le droit à la compassion vis-à-vis de son conjoint.

Ce genre de témoignage mensonger est un cas d'école pour moi qui aime mettre en lumière les aberrations et autres contradictions qui y foisonnent.

Tout d'abord, tous deux ont été malades. La maladie n'apparaît que quand le niveau d'énergie est bas, quand, généralement, il y a eu cogitation excessive.

Et ce n'est jamais le fait de faire quelque chose qui peut nous rendre malade mais plutôt tout ce que l'on y rajoute en bavardage par l'esprit. Si vous ne voulez jamais faire la vaisselle et que l'on vous en fait la remarque d'un ton directif, vous allez vous y soumettre. Après avoir fait la vaisselle à contre cœur, vous tombez malade. Est-ce que c'est le fait de faire la vaisselle qui vous a rendu malade ? Non, c'est toute la cogitation intellectuelle qui l'accompagnait qui fait que vous vous êtes vous-même puisé de l'énergie.

Faut-il avoir de la compassion pour quelqu'un qui s'est épuisé en cogitation intellectuelle et donc est tombé malade quand l'énergie vint à manquer ? Personnellement, je n'ai aucune compassion pour ma voiture quand le témoin de réserve d'essence s'allume. Je vais faire le plein, c'est tout.

Si vous dites ses quatre vérités à quelqu'un et qu'il tombe malade c'est que, d'un constat (qui est neutre), il s'est pris la tête et s'est rendu malade.

Il n'y a qu'une seule réponse à cela : revenir à la vigilance. Et vite. Toutes les questions, toutes les méthodes, une fois le mal-être installé, sont vaines. Toutes les prétendues compassions et leur ribambelle de sentiments les plus élevés ne sont que mensonge pour masquer un laxisme en amont, soigneusement entretenu durant parfois plusieurs années.

Comment, si vous suivez la vie, quelqu'un peut se sentir mal ? Comment pouvez-vous vous sentir au-dessus de la masse et jouer les sauveurs de l'humanité à coups de compassion ?

Écoutez bien la réponse : vous n'acceptez pas la résultante des semailles faites en amont. Une année ou 20 ans de semailles désordonnées et parce que vous comprenez une petite chose intellectuellement, procédez à une petite action, vous pensez que cela va opérer un changement radical dans votre vie et surtout effacer les effets de tant d'années d'inconscience ?

Comme la vie met en lumière notre incapacité (pour nous permettre d'avancer), nous l'accusons. Nous pensons à tort que le responsable ne peut être qu'en dehors de nous-mêmes mais nous oublions que nous sommes la vie. Nous parlons de compassion pour les autres alors que nous n'en n'avons même pas eu pour nous au moment où nous semions le désordre. Nous avons alors un besoin subit de vérité, de lumière et d'honnêteté. Nous allons alors *tout dire* à notre conjoint. Habile stratagème qui ne mène nulle part.

L'autre est malade, nous-mêmes avons du psoriasis qui nous couvre les yeux. Nous sommes en colère, nous voulons comprendre, nous accusons la vie alors que tout ne résulte que d'un fait : nous n'acceptons pas de récolter ce que nous avons semé. Récoltons d'abord, sans baisser notre vigilance.

S'il y a accusation, alors laissons la vie tranquille et accusons notre laxisme antérieur, cela nous évitera d'avoir à mentir la bouche pleine de compassion.

Tout est là…

Lors du dernier séminaire que j'animais, la vie a encore prouvé que l'on ne peut pas mentir impunément. En se rendant au séminaire, les signes ont montré qu'il y aurait une incompréhension pour trois personnes dont une de façon plutôt dramatique. Je l'annonce aux participants lors du séminaire.

Les trois personnes en question sont assez vite repérées et je ne suis pas surpris quand, au bout des deux jours, elles demandent le remboursement, profitant du label *satisfait ou remboursé*.

La première, conteste ce séminaire sur la vigilance et c'est son droit. Durant ces deux jours, au volant de sa voiture, elle roule vite et double de justesse un camion qui est obligé de freiner. Une de ses amies (et amie personnelle également), assise à côté d'elle, lui conseille d'arrêter de pester contre moi et de ralentir. Au moment où elle s'exécute et relâche la pédale d'accélération, une voiture, juste devant elle, freine brusquement. Grâce au fait qu'elle ait ralenti, elle l'évite. Bon, en même temps, elle a une grosse déficience visuelle et est sourde d'une oreille. Quand on ne veut pas voir et écouter…

La deuxième, jeune, clôture ces deux jours de séminaire sur la vigilance en rentrant dans la salle pour dire au revoir, se prend les pieds dans un sac et manque de s'étaler, le tout sous les yeux de quelques participants médusés. No comment. Pour elle, tout est anodin même le fait que sa mère lui paye un surf des neiges, tout l'équipement, le prof et qu'elle se casse le poignet dès le début des cours. Rien à faire, pour le moment…

Elle était assise à côté de la troisième qui, peu au fait des règles de politesse, lui parlait pendant le séminaire. L'incompréhension de la troisième avait été signalée en amont par des signes de la vie plutôt percutants. Elle prit place, dès le début, sur la seule chaise cassée de la salle, mais allez, disons que ce soit un hasard de plus…

Cette femme compensait son ennui de la vie par une suractivité (sports terrestres, aériens, sous-marins, etc.) en pensant être *dans l'action* de la vie. Ces prises de parole ennuyèrent puis énervèrent profondément ses compagnons de séminaire qui finirent par se lever et devenir assez virulents. Le lynchage fut évité.

Cette femme mentait quand elle prétendait que tout allait bien dans sa vie et qu'elle n'avait rien à apprendre dans ce séminaire. Mais si elle ne l'avoue pas… Alors la vie s'en charge. Le lendemain du séminaire, j'apprends, *de façon anodine,* que cette femme se fait battre par son fils d'une vingtaine d'années. Triste. Mais pour se faire aider, il faut baisser les armes.

Ne nous inquiétons pas, quand nous devons savoir quelque chose, la vie se charge de nous le présenter. Et pour peu que nous soyons vigilants, tout est là…

Pistes

Aujourd'hui, des réponses sont données à des interrogations ou des constatations. Ces réponses ne sont pas des vérités assenées mais des pistes offertes suites à des constats basés sur l'observation.

Pourquoi les gens passent leur temps à ne s'occuper que d'eux ? Parce qu'ils s'économisent, centrés sur eux. Le jeu de la vie ne les intéresse pas et ils ont peur de mourir.

Totalement tournés vers eux, il n'y a aucun partage, aucune ambiance, donc aucun partage de l'ambiance et aucune ambiance de partage.

Pourquoi y a-t-il des gens perdus ? Parce qu'ils n'ont pas de but, tout simplement. Nous sommes venus sur terre pour expérimenter la matière et se donner des buts terrestres fait partie du jeu. Qu'ils soient atteints ou non est de peu d'importance d'ailleurs. Parcourir le chemin les yeux ouverts, c'est ça la vie et c'est bien ça le plus intéressant.

Beaucoup de gens font des choses intéressantes… En fait non. Beaucoup de gens font des choses intéressantes, au début. Mais comme ils ne s'amusent pas, les choses intéressantes du départ deviennent vite routinières.

« Je ne me verrai pas sans travail ». Se rendre à son travail quotidiennement et y passer la journée permet de ne pas faire un maximum de choses. Cela permet à beaucoup de personnes de se dédouaner des tâches ménagères, de ne pas s'occuper des enfants, etc. Ces heures passées au travail permettent de justifier les loisirs compensatoires, la télévision, etc.

Ce laxisme entraînera des comportements visant à justifier ces manquements comme, par exemple, acheter ces enfants en leur payant jouets ou sorties au Mac Do.

« Ce qui m'arrive est injuste ». Alors que tout ce qui nous arrive nous parle de nous. Rien n'est anodin. Vous vous souvenez de la femme qui se fait battre par son fils dont j'ai déjà parlé ? J'ai appris que son fils se drogue. Et sa mère est accro aux activités de loisir : parapente, plongée, etc. C'est une drogue non ?

La belle au bois dormant profondément

Une jeune femme s'est trouvée séparée de son conjoint parce qu'il ne voulait plus d'elle. Mais elle garde espoir. « Pour plus tard » dit-elle. « Parce qu'elle l'a dans la peau ». Parce qu'entre eux, « c'est spirituel ». Parce que c'est « son âme sœur ». Etc.

Oui, mais dans la réalité... Il est parti ! Et même pas pour quelqu'un d'autre ! Il rencontrera une nouvelle femme plus tard. Parce que lui, a su fermer la porte. Pas comme elle, qui vit sur des chimères.

L'avantage, pour rester dans ses songes de *il reviendra*, c'est le côté invisible et donc non prouvable de *l'amour spirituel*, de *l'âme sœur* ou du *ressenti*. J'en connais une qui est morte vieille fille avec ce genre de ressenti…

Combien n'acceptent pas la séparation du couple ? Cette non-acceptation entraîne les meilleures justifications. Le cerveau est alors un merveilleux outil pour abonder dans notre (mauvais) sens. Il a cette faculté alors à ne garder que les meilleurs moments de la relation. En sachant qu'un souvenir est forcément déformé. Ici, à notre avantage. Nous n'allons garder que les moments de bonheur épisodiques, généralement du début de la relation, et effacer, comme par miracle, tout le reste qui a justement fait que cette relation se soit terminée.

Pourtant, elle avait fait des concessions, des compromis, *par amour*. Bon, la relation démarrait bizarrement, il était déjà marié ! Mais elle, ne voyait là aucune complication initiale ! Trois milliards d'hommes sur terre, donc des millions et des millions de célibataires, mais non, on va chercher la complication : sortir avec un homme marié ! Quand la femme se fait jeter comme une malpropre, elle ne comprend pas « Je lui ai tout donné » !

Si vous lui faites remarquer la complication initiale, elle vous répondra « L'amour ne se commande pas », « oui mais je l'aime » ! **Alors ne te plains pas. Souffre en silence**.

Ta limitation initiale a fait que tu n'as fixé ton attention que sur un seul arbre, ce qui fait que tu ne voyais plus la forêt. Puis, plus tard, lors de la séparation, tu n'as pas vu l'éventail de possibilités qui s'offrait à toi. Les opportunités étaient masquées par la contrainte.

La jeune femme n'a pas vu que l'homme marié ne voulait que de l'aventure, de l'interdit, rompre la monotonie, aller chercher un petit complément à ce qu'il avait déjà. Comment a-t-elle pu espérer ? Les deux parties n'ont pas été claires d'entrée. Ou bien si elles l'ont été, l'une ou l'autre a menti. Ou bien peut-être les deux. Lui, a laissé planer un espoir, elle, s'en ai saisi et ne l'a plus lâché.

Certaines femmes restent très claires en début comme en fin de relation. Si elles souhaitent une relation sérieuse, elles l'annoncent clairement. On appelle cela un positionnement. Elles se positionnent. Elles n'accepteront pas un flou artistique dans leur relation à l'homme avec qui elles sont. Elles peuvent aussi se positionner comme étant une relation d'une soirée ou d'une nuit, pourquoi pas ?

La fin de la relation est claire aussi. « M'aimes-tu encore » ? « Non ». « Alors adieu ».

Martine qui, la peur au ventre, a un jour posé cette question à son conjoint, s'est entendu répondre par la négative. Mais elle ne l'a pas accepté. Aujourd'hui, elle souffre encore mais lui a refait sa vie parce que, contrairement à elle, il a su fermer la porte.

Il faut se démasquer lorsque nous nous racontons *notre petite histoire* d'injustice, d'oiseau blessé ou de belle au bois dormant. Les croyances justificatrices du genre *c'était l'homme de ma vie* ne tiennent pas debout. Comment peut-on savoir que c'est l'homme de sa vie alors que notre vie n'est pas terminée ? Vous ne pourrez prétendre une telle chose que lorsque votre vie sera effectivement achevée. Sinon, vous fermez toutes les portes et rien de nouveau ne peut entrer...

Le secret du bonheur… Qui n'arrange personne

La semaine dernière, lors d'un séminaire à Belfort, une (mauvaise) idée était émise : révéler le secret du bonheur. Enfin, sa définition pratique, bien sûr.

La chose faite, absolument rien ne s'alluma. Les yeux restaient éteints. Terrible. Et en même temps, prévisible. Pourquoi ? Pas de mise en pratique. **Adhérer à une idée géniale, libératrice et l'appliquer sont deux choses totalement différentes. Il suffit de lire, de voir ou d'entendre quelque chose pour se l'approprier... Intellectuellement**.

Quand, à l'époque, avec mes copains, je sortais de la salle de cinéma où un film de Bruce Lee venait d'être projeté, nous étions les meilleurs pratiquants de kung-Fu du monde. Là, sur le trottoir, devant le ciné, nous étions prêts à faire leur fête à une bande armée. Dans la réalité, il n'en était rien. Si je n'avais pas connu la dureté des entraînements de karaté, je vivrais encore dans ma tête...

Quand, dans le dernier séminaire, il a été annoncé que le secret du bonheur réside dans le fait de, chaque jour, remettre son ouvrage sur l'établi, personne n'a réagi. Les yeux ne se sont pas allumés parce que personne ne l'expérimente.

Quand j'annonce que ça marche très bien pour moi, donc quitter tout ça pour recommencer autre chose à zéro, personne ne comprend. Je pars dans quelques mois afin de monter L'Iguane k@fé, un restaurant mobile sur l'île de La Réunion. Je recommence une activité comme au premier jour de la précédente. Et ainsi de suite. Parce que quand ça marchera bien, il sera temps de partir et de recommencer quelque chose d'autre ailleurs ou autrement. Le changement dans tous les domaines. Remettre son ouvrage sur l'établi. C'est le secret.

Car l'ennemi juré du bonheur, c'est l'ennui. C'est le mal insidieux qui est à la base de tout

malheur. Il n'existe rien sur terre de pire que l'ennui de la vie, la paresse de la vie. Tout découle de cela, stress, maladie, adultère, etc.

Parce qu'il est facile d'être malheureux mais il n'est pas plus difficile d'être heureux. Il suffit d'arrêter de rêver dans le vide, de se projeter vainement et de concrétiser. La bonne heure c'est à présent, on ne peut arrêter le temps mais, par contre, on peut le vivre (je n'en suis pas peu fier de celle-là) !

Celui qui ne change pas retombe dans la routine, c'est très dommageable car il n'y a de réel plaisir que dans l'action.

L'action nous fait rencontrer des gens avec qui nous partageons. L'ennui est impossible. À l'opposé, le solitaire est triste parce qu'il attend le bonheur. Certains sont seuls mais pas solitaires, ils n'apprécient pas la solitude. Le bonheur va à celui qui l'honore et honorer c'est servir.

Les scientifiques nous disent que nous focalisons sur les malheurs jonchant notre vie par réflexe protecteur pour nos enfants. Pour ne pas oublier ce qui nous fait souffrir et le transmettre à notre progéniture pour les préparer à affronter ces situations. Ce serait inscrit dans nos gênes. Je pense qu'il s'agit d'un manque de vigilance initial que nous transmettons à nos enfants. Comme un héritage en argent qui leur évitera d'expérimenter la confiance en la vie. Alors que si je suis vigilant et que mes enfants le sont, nous n'avons pas besoin de focaliser sur le malheur.

Vous vous êtes endormis. Cela guette n'importe qui. Traquez l'ennui, la routine et lancez-vous, remettez chaque jour votre ouvrage sur l'établi, c'est le secret.

Humour parqué

Généralement, nous pouvons constater un manque d'humour chez les gens. Vous allez me dire que pourtant beaucoup en ont. Oui, mais à l'instar des Amérindiens, leur humour est parqué. Il y a des moments précis, des moments aménagés où nous pouvons laisser libre cours à l'humour (à l'apéro, le week-end…).

Mais le reste du temps on ne joue pas, la vie c'est du sérieux. Les yeux sont éteints, les préoccupations sur *ON* et l'humour sur *OFF*. Attendent-ils le sauveur ou le déclic ? Nul ne le sait. Toujours est-il que si vous faites de l'humour spontané *quand il ne faut pas*, c'est-à-dire pratiquement tout le temps, les gens sont surpris. Vous arrivez comme un cheveu sur la soupe et vous êtes dévisagé comme un extra-terrestre le serait.

La semaine dernière, je suis allé manger Chinois à volonté. Je vois une femme arrêtée devant une vitrine réfrigérée, elle hésite à se servir et me demande si elle a le droit. Je lui réponds que oui (et c'était vrai) puis m'emballe et lui dit que c'est à volonté, qu'elle peut tout prendre, les gâteaux, les yaourts et commence à lui tendre les articles un par un ! Cela ne la fait aucunement rire et elle se sauve.

Les gens ne jouent pas le jeu, ne rentrent pas dans la farce, heureusement il existe la thérapie du rire. C'est une méthode et les méthodes existent pour palier le manque de spontanéité. Si vous n'avez pas envie de faire de l'humour (ou faire l'amour) spontanément hors périodes aménagées, c'est que vous ne vous amusez pas, vous prenez la vie bien trop au sérieux, **ce que personne ne vous a jamais demandé (à part vous)**.

Vu !

Beaucoup de personnes trouvent que je juge. Ce qui n'est pas le cas. Je ne fais que constater. Sinon ces personnes me jugent. La semaine dernière, Fatima, accidentellement, s'ouvre la main avec un couteau. Bilan : 8 points de suture. Je le dis dans ces pages, c'est un constat, pas un jugement. Je dis qu'elle a fait preuve d'un manque de vigilance ainsi que d'inconscience, c'est toujours un constat mais plus poussé. C'est là que beaucoup pensent que je juge. Parce que mon constat va plus loin que la simple observation qui n'aide personne et ne fait rien avancer. Je vais même plus loin en affirmant que sa vigilance était absente depuis longtemps en amont de cette blessure car en arriver à cette finalité est extrême. Il aura fallu être endormi depuis un bon moment pour en arriver là. Quoique pour Fatima, le temps avant de récolter les fruits gâtés que son inconscience a semés est nettement réduit par rapport au quidam parce qu'elle est a déjà fait un séminaire et a déjà mis en pratique la vigilance. Elle a donc beaucoup moins d'excuses. Celui qui connaît la leçon et ne l'applique pas se fera taper sur les doigts avant celui qui ne veut pas apprendre la leçon (qui se fera taper sur les doigts aussi de toutes façons).

Mais, comme je mets en lumière les manquements, les incohérences ou les contradictions, je suis méchant. En même temps, est-ce de notre faute si, faisant un constat, vous culpabilisez ? J'aide à faire prendre conscience, suis-je responsable de ce que les gens y rajoutent comme, par exemple, la culpabilité ?

Surtout qu'il n'y a aucun ordre donné. Une fois la mise en lumière effectuée, vous avez le choix, il n'y a pas de donneur de leçons. Il n'y a que la réalité.

La même Fatima payait les notes astronomiques de son rejeton qui usait et abusait du téléphone portable. Elle met en lumière le fait qu'il ne respecte pas son forfait car il ne le paye pas. Elle passe à l'action, ce qui passe par le fait de lui annoncer que, dorénavant, c'est lui qui va payer. Le mois suivant, l'adolescent fait preuve de bravade, ne change en rien son nombre d'appels inutiles et pâlit lorsque la note arrive. Le mois d'après, tout rentrait dans l'ordre. Fatima est-elle méchante ? Non, elle a mis une personne face à la réalité. Il n'y a que la réalité qui existe. Vous vous cassez un bras et vous me dites que tout va bien, vous êtes un gros menteur (ou une grosse menteuse).

De toute façon, quand on aide quelqu'un, le plus dur ce n'est pas de l'aider, c'est de se faire pardonner de l'avoir fait. L'orgueil…

La méthode gentille pour aider quelqu'un n'existe pas ou bien est inefficace. Quand je veux aider mon fils à comprendre ce qu'il fait subir à sa petite sœur, il n'y a pas 36 solutions qui fonctionnent. Une fois, mon fils jetait des pierres sur la tête de sa petite sœur qui, bien sûr, pleurait. **Il ne pouvait pas comprendre ce que cela occasionnait car il ne l'avait pas expérimenté**. J'ai donc pris une pierre et lui ai lancé sur la tête, il a subi la douleur et a pleuré. Eh bien il n'a plus jamais recommencé car il a pris conscience du mal que cela engendrait. Maintenant, s'il continue ce n'est plus par ignorance. Rien à voir avec la loi du Talion *œil pour œil, dent pour dent*, il s'agit juste d'ouvrir la conscience par l'expérimentation directe. Et ouvrir sa conscience c'est sortir de l'ignorance. Est-ce qu'un long discours sur la douleur aurait suffi ? Non.

Dans le cas de Fatima plus haut, c'est elle qui s'est ouvert la main, ce n'est pas moi qui, en le faisant remarquer, lui a ouvert la main au couteau.

Il est évident que si vous vivez constamment dans le mensonge (dans votre couple ou autre…) alors vous ne supporterez pas la personne qui fait des constats poussés. Quelqu'un qui met en lumière les agissements contradictoires d'une personne vous effraie car elle met à mal vos justifications. Quelqu'un qui dit une vérité à une personne vous gêne car elle met de la lumière là où vous voudriez vivre à l'ombre de vos mensonges ad vitam aeternam.

Que vous reste-t-il alors ? Dénoncer mes écrits ! Vu ! Tu peux repartir te cacher…

Critique

Nous allons parler aujourd'hui de la critique. Pour moi, la critique est un outil fort utile. La critique élargit le champ des possibles.

Je ne critique pas ne fait pas partie de mon système de croyances. D'ailleurs, si vous observez bien, **celui qui ne veut jamais critiquer, ne jamais se positionner, ne fait rien avancer dans la vie**. Il ne sert pas à grand-chose. C'est un planqué de la vie. Je m'expose, met en lumière et en assume les conséquences. Je dénonce si je dois le faire et mets à la lumière les contradictions : je me suis positionné. Je n'ai pas opté pour les méthodes douces qui ne font rien avancer.

Ce que je préfère, c'est subir la critique des personnes qui prétendent qu'il ne faut pas critiquer... Ils proclament qu'il ne faut surtout pas critiquer et, dans un moment d'oubli, ils critiquent ! Certains sont très en colère. Or, personne n'a le pouvoir de vous insuffler de la colère ou quelque émotion que ce soit. Par contre, des propos peuvent faire écho en vous et réveiller la colère que vous couvez en votre sein.

La critique fait avancer donc elle gêne celui qui ne veut pas bouger dans sa vie. La critique dérange, déloge celui qui justifie son manque de hardiesse, son manque de vie. Ils prétendent *qu'on a le temps*. Bon, si leur enfant leur tient les mêmes propos et qu'il désire rester quelques années au CP, ils vont se mettre en colère !

Une critique qui touche est une vraie critique. Celui qui est en paix sur le sujet de la critique n'est pas touché par cette dernière. Souvent, dans les séminaires, je critique ouvertement une façon de faire contradictoire, certaines personnes sont outrées tandis que d'autres ne sont sincèrement pas touchées. La critique a fait mouche. Je n'ai pas de censure, pas de jugements limités et en fait profiter mon entourage.

Deux réactions sont alors possibles. Il y a ceux que cette subite mise en lumière va réveiller, sortir de l'ombre et booster pour changer, pour passer à l'action. Même s'il y a eu un dérangement, une gêne passagère occasionnée par la critique (juste), ils choisissent la voie de l'évolution, du mouvement, du changement, bref, ils choisissent la vie.

La deuxième réaction, la voie de la facilité apparente concerne les personnes qui souffrent (en silence ou pas) parce qu'ils sont démasqués. Ils souffrent, donc ils veulent faire mal aux autres ou à l'énonciateur de la critique au lieu de *travailler sur soi*, même si je n'aime pas ce terme.

Peut-on critiquer cette façon de fonctionner ?

La vie n'a pas de méthodes

Un roi se trouve confronté à une situation délicate avec un pays voisin menaçant. Il convoque deux conseillers : un pédagogue en place à la cour depuis toujours et un sage nouvellement arrivé.

Aussitôt, le pédagogue prend la parole et préconise la discussion, la diplomatie, la recherche d'une solution pacifique et socialement correcte. Le tout bien sûr, basé sur une méthode pédagogique.

Le sage n'est ni pour ou contre une solution pacifique. Il n'a pas de méthode. Il préconise d'utiliser la sagesse.

Le pédagogue s'étonne que le sage ne préconise pas la paix à tout prix et qu'il laisse une porte ouverte à la guerre. Pour lui, la sagesse est un contre-sens de la guerre.

Le sage répond alors que la sagesse ne s'embarrasse pas de méthodes rigides et de croyances limitatives. La sagesse implique une réponse souple en fonction de ce que la vigilance nous a permis de récolter comme informations. C'est la réalité qui va décider du comportement en retour. Aucun filtre social, spirituel, religieux ou à base de psychologie n'interfère alors dans la prise de décision. Guerre ou pas, c'est l'observation neutre des différentes informations offertes par la réalité qui va donner une direction inéluctable, une réponse non discutable. Et dans ce cas, en l'occurrence, beaucoup de choses n'ont pas été faites en amont par manque de vigilance. Et maintenant, le roi voudrait employer la pédagogie qui sous-entend d'exclure l'idée de faire la guerre. Mais c'est trop tard.

Cette histoire pour nous rappeler que nous avons tout essayé en matière de pédagogie et vu l'éducation de nos enfants dans nos foyers et nos écoles, il est peut-être temps de s'apercevoir que cela ne fonctionne pas. Nous n'avons récoltés que du non-respect.

Pourquoi les gens aiment bien la pédagogie ? Parce qu'ils n'aiment pas l'action et préfèrent l'intellect. L'intellect, c'est la forme au détriment du fond. L'action juste se préoccupe peu de la forme. Les amoureux de la forme sont ceux qui ne passent pas à l'action et ont besoin de pédagogie qui flatte l'intellect… Assis dans un fauteuil.

Le plus souvent, comme dans l'histoire du roi, il n'y a pas eu de pédagogie en amont des faits et l'on tente de régler une crise avec pédagogie. Mais il n'existe pas de pédagogie de l'instant, il n'y a pas de méthode dans l'instant. Si, en centre ville, votre enfant traverse soudain le boulevard en courant et sans regarder, le cri qui va sortir de vous n'est ni pédagogique ni une méthode pédagogique. **Vous n'essaierez pas d'appliquer une méthode créée par l'esprit humain pour dompter la réalité, non, c'est la réalité qui va vous modeler à elle en une fraction de seconde**. Et moins vous aurez de barrières dans votre esprit, plus la réponse sera adéquate. La vie n'a aucune pédagogie et est totalement illimitée dans ce qu'elle utilise comme moyens et dans ce qu'elle nous propose pour passer à l'action.

La pédagogie n'est, à la limite, valable qu'en salle de cours. Sur le terrain, la pédagogie vole en éclat devant la réalité de l'instant et ses *impondérables*…

Le propre de l'Homme inconscient est de demander une expérience puis de la refuser une fois qu'elle est là.

Cette expérience est là pour nous permettre de comprendre quelque chose qui restait obscur jusque là. Elle nous permet de transcender quelque chose, de dépasser certaines limites, de nous débarrasser d'un comportement encombrant qui participait à notre mal-être, etc. Bref, d'arpenter notre chemin.

Nous sommes venus pour cela : expérimenter. Dans la matière. Sinon, nous serions restés immatériels. Ce corps, ces sens, sont là pour nous permettre d'expérimenter afin de comprendre.

Nous appelons à nous énormément d'expériences inutiles car nous voulons tout. Le problème, c'est que celui qui demande la paix, la quiétude, récoltera des expériences guerrières… Car ainsi procède la vie. Vous souhaitez acquérir *la confiance en soi* ? Vous allez utiliser la pensée positive, un stage de confiance en soi, un livre sur le même sujet et ça ne fonctionnera pas. Pourquoi ? Parce que vous ne pouvez acquérir *la confiance en soi* que dans l'insécurité !

La vie va vous présenter alors une expérience d'insécurité… Et vous allez la refuser ! Parce que vous préférez la méthode intellectuelle plutôt que l'expérimentation directe. C'est plus doux, plus soporifique, cela ne vous engage nullement et vous avez tellement mis l'intellect sur un piédestal…

Or, pour que quelque chose s'inscrive en vous, dans vos cellules il faut passer par l'expérimentation. Celle-ci, contrairement au bourrage intellectuel, grave les choses en vous de manière indélébile.

Un ami vend sa voiture et je me propose de l'accompagner. L'acheteur, que l'on connaît, doit expérimenter, entre autre, le positionnement. À cause de ça, sa vie est un chantier : un enfant qu'il ne voit pas, une femme qui vient de le quitter, pas de véhicule, un petit travail non rémunérateur, etc.

Il annonce qu'il achète le véhicule puis, comme c'est (comme beaucoup) un querelleur, il se prend la tête avec le vendeur. Le lendemain, il annule. Refus de l'expérience.

Mais le surlendemain, s'apercevant de son erreur, il veut de nouveau acheter le véhicule. C'est-à-dire qu'il veut, après avoir refusé l'expérience, la refaire. Mais celle-ci est depuis longtemps terminée. Trop tard. Comment peut-on remonter le temps ?

Une énième expérience de positionnement lui sera bientôt proposée. Que fera-t-il ?

Et vous, que ferez-vous devant les prochaines expériences que la vie vous présentera ?

La finalité est rarement la leçon

Christophe était coureur cycliste professionnel. Une échéance importante arrive : une course de qualification pour les championnats de France. Son entraîneur, sur le pied de guerre, l'inscrit donc sur une petite course départementale sans importance mis à part le fait qu'elle représente une opportunité d'entraînement bien placée dans le calendrier. Les consignes sont claires : partir vite et maintenir une cadence de pédalage sur 80 kilomètres. Ni plus, ni moins. Les distances et les cadences à ce niveau sont très strictes, il ne s'agit pas d'arriver sous-entraîné ou fatigué le jour de la compétition. La petite course départementale totalisant

90 kilomètres, il faut que Christophe s'arrête 10 kilomètres avant la fin, relâche ses efforts et pédale tranquillement jusqu'à la ligne d'arrivée en guise de récupération.

Le départ est donné et Christophe part comme une flèche, respectant les consignes de son entraîneur. Les coureurs départementaux *sautent* les uns après les autres, ne tenant pas la cadence. Reste une poignée de coureurs qui s'accrochent mais ne peuvent passer devant pour prendre des relais. Christophe, le nez dans le guidon, ne voit que sa cadence de pédalage. À 10 kilomètres de l'arrivée, comme prévu, il relâche l'effort et rentre tranquillement pour aller se doucher.

Mais, à l'arrivée, un petit entraîneur départemental le prend à partie. Il signifie à Christophe qu'il a été un peu prétentieux de partir vite, de caracoler en tête, que finalement c'est son coureur qui a gagné.

Christophe tente de lui expliquer qu'il n'est là que pour s'entraîner, qu'une victoire ici ne lui apporterait absolument rien (il en a déjà tellement gagné), mais l'autre ne veut rien savoir, pour lui, la victoire ici est la finalité. Il ne reste plus de choix à Christophe que de l'insulter et de s'en aller.

La semaine dernière, je fais une erreur au téléphone. J'en prends conscience. La leçon est vue et c'est bien ça le principal puisque l'expérience est là pour ça. Peu importe la finalité. Mais les gens focalisent sur la finalité des choses au détriment de la leçon à apprendre. Ils oublient qu'ils sont à l'école de la vie et que cette dernière ne demande pas un carnet scolaire empli de bonnes notes, elle demande juste que les leçons soient intégrées : ce sont là les vraies connaissances.

La connaissance s'apprend dans la vie, peu importe la finalité des actions, d'ailleurs, la finalité est rarement la leçon.

Ayant fait cette erreur au téléphone, imaginons que celle-ci me coûte finalement 200 euros. Ce n'est pas ça qui est important, c'est ce que j'ai appris de l'expérience qui compte. Souvent, les femmes ne regardent que le résultat alors que les hommes veulent de l'expérience. La femme, au final, dit « Je te l'avais dit » ! *M*ais ce n'est pas la finalité qui compte, c'est la leçon !

Comme dans l'histoire cycliste du début, les deux interlocuteurs ne sont pas sur le même plan…

L'école vivante

L'école se devrait d'être plus proche de la réalité car, pour l'instant, le système scolaire ne reste que le domaine de l'esprit. Alors qu'il devrait être plus proche d'un laboratoire expérimental auquel l'élève est confronté.

Le programme scolaire actuel est surchargé pour satisfaire aux exigences des diplômes comme le baccalauréat. Pour rendre l'école vivante, il faut absolument réduire ce gavage pour faire de la qualité, c'est-à-dire de la pratique, du concret, de la mise en situation. Tout cela prend du temps et n'est pas compatible avec le gavage de connaissances comme il est fait actuellement. Il faut donc revoir à la baisse le nombre de connaissances dispensées au profit de l'expérimentation.

Les élèves qui arrivent au BAC ont l'impression, et ils ont raison, de ne rien savoir faire. Sans parler du simple fait d'écrire une lettre à un employeur ou une administration et ce, avec un minimum de fautes et une présentation correcte. 100 % d'acquis théoriques n'arment pas le jeune pour sa vie professionnelle à venir.

Tout au long de sa scolarité, l'élève doit être confronté à la réalité. Au moins pour s'auto-corriger. Il y a de jeunes élèves qui demandent un temps de réflexion quand on leur demande si un arbre peut mesurer 800 mètres ou si une personne peut faire 60 km à pied en une heure, c'est qu'ils n'ont aucune notion réelle des chiffres.

Il faut donner à l'élève des références concrètes. Pour ce faire, il va être obligatoire de lui montrer sur le terrain ce que représente un mètre et un kilomètre, par exemple. Sur le terrain, le professeur va effectuer une grande enjambée pour montrer à ses élèves que cela représente approximativement un mètre. Ils pourront ainsi évaluer grosso modo une distance (entre deux bâtiments, deux personnes, jusqu'à un arrêt de bus...) sans tomber, comme beaucoup dans des extrêmes délirantes. Car, sans références concrètes, pour un élève qui va vous dire 10 mètres, il n'est pas rare qu'un autre en annonce 200 !

Si le professeur et ses élèves pénètrent ensemble dans un immeuble et entrent dans une de ses pièces, ils pourront évaluer la hauteur de l'édifice. En effet, chacun connaissant sa taille corporelle, il pourra, en regardant le plafond de la pièce, évaluer à peu près la hauteur de celle-ci (est-ce que la hauteur est équivalente à deux fois ma taille ou deux fois et demi) ? Ainsi, selon le nombre d'étages, la multiplication est aisée et nous tombons sur une hauteur approximative censée. En effet, certains n'hésitent pas à vous assurer avec aplomb que tel immeuble commun de 5 étages mesure 100 mètres ! Soit à peu près 20 mètres par pièce alors que concrètement, un adulte montant sur une chaise change l'ampoule au plafond !

Il faut que les élèves effectuent un kilomètre à pied, ce même kilomètre en vélo et en voiture pour que, face à un problème sur le papier, ils puissent déjà avoir une idée du résultat, en tout cas s'auto-corriger s'ils tombent sur un résultat hors réalité. Nous pourrons, dès lors, programmer une marche ou un trajet concret en autocar pour leur montrer l'intérêt de tous ces chiffres. À quelle heure devons-nous partir si nous voulons arriver avant 16 heures ? Où serons-nous pour le déjeuner (y a-t-il un village pour acheter du pain) ?

Le professeur montrera à l'élève que sur sa bouteille de coca, il y a marqué 33 cl. Ainsi, l'élève va se construire une référence concrète de ce qu'est 33 centilitres (il verra mentalement sa bouteille de coca) et, par exemple, un litre ou un litre et demi, soit 100 cl ou 150 cl avec sa bouteille d'eau.

Au moment où l'élève apprend les chiffres comme cent vingt-trois, par exemple, son professeur doit lui faire remplir un chèque dans la vie courante parce que, la plupart du temps, dans la réalité, c'est à ça que cela sert.

Pourquoi l'élève doit se laver les mains ? Le professeur et les élèves effectuent l'expérience des deux cotons. L'un a été touché avec des mains non savonnées et l'autre a été touché avec des mains propres. On les met dans une boîte et l'on s'aperçoit, quelques jours plus tard, que des champignons poussent sur le premier coton à cause des bactéries. Un résultat concret et irréfutable !

Une même expérience peut servir à un élève de maternelle comme à un élève de collège ou de lycée. Prenons le simple fait de planter des tomates et des salades. Le professeur effectue cette expérience avec les maternelles pour leur montrer concrètement le miracle de la nature. Pour les collégiens et les lycéens, cette expérience en début d'année leur montrera que l'on récolte ce que l'on sème. Les graines de tomates ont donné des tomates et les graines de salade ont donné des salades, tout autre chose est impossible ou anti naturel. Ainsi, lorsqu'un élève n'apprend pas ses leçons, ne travaille pas en classe, il comprendra que le résultat logique est la non-obtention de son diplôme mais surtout, la non-compréhension de ce qui a été vu en cours. Si jamais il hurle à l'injustice, le professeur pourra lui rappeler : *la salade* ! Idem pour celui qui sème de la violence verbale ou physique ou celui qui sème le doute dans son esprit. Il en va ainsi pour toute la palette des émotions et des actions semées.

N'oublions pas les contes comme les *3 petits cochons* qui nous montrent que celui qui veut la liberté doit construire des bases solides (le loup a soufflé la maison en paille, celle en bois mais pas celle en brique).

Une fois le programme surchargé allégé, il reste du temps pour emmener les enfants sur le terrain. Il est évident que l'allègement d'un programme encombré nécessite la révision du système des diplômes actuels. Il est sûr que cette nouvelle façon pratique d'aborder l'enseignement n'est pas compatible avec l'obtention d'un baccalauréat. Heureusement. À quoi vous a servi votre baccalauréat dans votre vie concrète ? Pour moi, à rien dans mes métiers de militaire, éducateur, psychothérapeute, écrivain, conférencier, restaurateur, etc.

Je voulais juste savoir lire, écrire, compter et avoir un peu de culture générale suggérée de façon vivante.

Nous avons assez de moyens pour rendre l'école vivante, au moins pour les sujets principaux. Les médiathèques, les déplacements en car, les cinémas, internet, tous ces lieux et moyens d'expérimentation…

Les puristes vont hurler mais si, par exemple en leçon d'histoire, on commençait à parler du cheval de Troie en projetant aux élèves le film *Troie* avec Brad Pitt, si on leur montrait les exactions des chevaux de Troie, virus sur internet, l'apprentissage en serait facilité. Le film *La guerre du feu* en préambule de la leçon sur la préhistoire n'est pas une hérésie, c'est, comme pour *Troie* ou *Alexandre,* le film sur Alexandre le Grand, s'actualiser, rendre la leçon vivante et actuelle. C'est motivant pour l'élève même si les films sont romancés. Mais que sait-on de l'histoire réelle à part beaucoup de suppositions ?

D'ailleurs, à ce chapitre, il est bon d'insister sur ce que l'on connaît avec certitude et sur l'origine des choses. Cela évitera des conflits ultérieurs. L'histoire des DOM-TOM, par exemple, est truffée de fausses croyances qui entraînent aujourd'hui des conflits entre les Hommes. Il faut bien montrer aux élèves la différence entre les territoires déjà habités, conquis ensuite par la France et les territoires vierges sur lesquels la France a amené des habitants, cela évite les discussions inutiles sur les demandes d'indépendance.

Idem pour les grands passages de l'histoire comme l'esclavagisme. Il est bon de montrer toutes les facettes comme le fait que beaucoup de peuples africains en guerre de tribus vendaient les vaincus aux Blancs. Des Noirs qui vendaient des Noirs. Montrer qu'en Amérique, il y avait des Noirs libres qui exploitaient des esclaves noirs. Que le peuple qui a pratiqué l'esclavagisme le plus longtemps, qui détient donc le record, est le peuple africain éthiopien, et ce durant deux siècles ! Et, à l'époque, il n'y avait pas de Blancs en Ethiopie. Dans l'histoire du monde, le Blanc vient derrière le Noir dans l'exploitation d'esclaves. Ne parlons même pas de l'Afrique du nord avec les Egyptiens et leurs milliers d'esclaves… Les idées reçues comme Blanc = esclavagiste sont faites pour que l'Homme se dispute avec l'Homme, le montrer à l'élève est très important.

Bien sûr, il faut laisser aux parents le soin de cultiver l'enfant et de lui donner les moyens de se cultiver. Le professeur, dans ce domaine n'est que le relais des parents.

Mais il est important de revenir et d'insister sur la base : savoir lire, écrire, compter.

À la maison, c'est le respect du père et de la mère qui doit être inculqué, le respect de l'adulte, même pour les familles nombreuses ou mono parentales. Parce que s'il n'y a pas de respect de l'adulte à la maison alors il n'y aura pas de respect du professeur.

Les enfants qui n'ont pas ce minimum doivent intégrer une école qui leur enseignera ces valeurs de base. L'école classique ne peut palier le manque des parents. L'école est un lieu d'enseignement et doit le rester. C'est le professeur qui décide et les élèves exécutent, et ce, dans le respect. Les élèves s'y rendent dans une tenue vestimentaire adéquate. Celle qui reflète leur état d'esprit (ils sont venus s'instruire). Et l'on ne vient pas s'instruire en mini-jupe, string apparent ou pantalon qui tombe au bas des fesses.

Ceux qui n'ont pas les valeurs minimales de respect ou qui n'ont aucun respect envers l'adulte doivent intégrer des écoles d'instruction civique. Écoles qui sont à créer pour apprendre ou réapprendre à l'enfant les bases utiles pour vivre en société. L'enfant est allé trop loin dans le non respect à l'adulte, il a un comportement extrême, les moyens pour l'éduquer devront donc être adaptés. Pour toutes les personnes qui sont allées trop loin dans n'importe quel domaine, le retour à la normale demande de lourds moyens. Ainsi, un fumeur atteint du cancer des poumons va devoir subir un traitement certes efficace, mais lourd.

L'école, à l'origine, est simple : *bonjour*, *au revoir*, *j'écoute en classe*, *je fais mes devoirs*, etc. Ça n'est, finalement, pas très compliqué. L'élève, ainsi, n'est pas un robot, il peut (et doit) être pertinent... Mais pas insultant.

Si le respect est appris à la maison, il y a respect à l'école. Un élève qui coupe la parole à un professeur, qui hausse le ton, qui insulte le professeur ou lui met un coup de couteau est un cas extrême. Cet élève doit rejoindre une école spécialisée (en respect de l'adulte) où il rencontrera des professeurs qui eux, par contre, auront été formés pour répondre (peut-être même de façon musclée) à ce genre de situation. Plus tard, quand l'élève aura compris où se trouve son intérêt, il pourra rejoindre le circuit traditionnel. Sinon, il y a fort à parier qu'il s'agisse d'un individu inapte à la vie en société et, bien souvent, c'est la prison qui l'attend plus tard.

Qu'est-ce que l'élève est venu chercher à l'école ? Souvent, il ne le sait pas lui-même. Il doit venir chercher l'instruction, le savoir. Il ne vient pas à l'école pour chercher les bonnes notes, ça, c'est une résultante de son intérêt pour le savoir.

Celui qui ne vient pas pour l'instruction, qui vient, sans raison apparente, et pire, qui fait obstacle à l'instruction, celui-ci doit rejoindre l'école alternative où il y aura du répondant. Cette école brisera ce mauvais élan avant la prison.

Il faut lui montrer l'alternative. Si cet élève veut une école cool, alors son comportement doit être cool. L'élève irrespectueux doit comprendre que c'est l'adulte qui commande. S'il ne le comprend pas dans l'école traditionnelle ou s'il ne l'accepte pas, alors il doit aller l'apprendre dans une autre école, plus spécialisée.

Dans l'école traditionnelle, l'élève doit laisser à la porte, sa petite histoire des cités qu'il se raconte tous les jours. Il a le choix. Il ne peut pas menacer un professeur et croire que tout va bien se passer. Ça, c'est de la naïveté.

Qui doit intégrer l'école traditionnelle et qui doit intégrer l'école où l'on apprend le respect ? Celui qui vient à l'école pour s'instruire intègre l'école traditionnelle. Celui qui vient pour perturber ce système simple doit intégrer l'école qui lui apprendra le respect. Comme les personnes formant la file d'attente d'une boulangerie viennent acheter du pain (ils sont là pour ça car une boulangerie est faite pour ça), celui qui y vient avec une arme pour la braquer n'est pas le bienvenu. Il doit aller apprendre les règles de la vie en société pour pouvoir revenir plus tard avec une façon plus saine de voir les choses.

Il est temps de revenir à l'essentiel de ce que peut présenter l'école à l'élève : savoir lire, écrire, compter et, puisqu'il est important de s'actualiser : savoir utiliser l'informatique et la langue vivante dont il aura besoin.

Mais avant tout cela, l'école doit toujours ramener l'élève à ses outils naturels et égaux pour tous, c'est-à-dire les cinq sens : voir, écouter, toucher sentir et goûter. C'est ce retour quotidien à la réalité immédiate qui va déconnecter toutes les peurs et les films que chaque élève pourrait se faire dans sa tête. Ces cinq sens entièrement tournés vers un enseignement vivant pourraient bien être la solution la plus simple.

T'es moche !

La dernière fois que l'on m'a fait remarquer ma calvitie, mon faciès préhistorique, mon double menton et ma petite bouée, je me suis dit qu'il fallait absolument écrire sur la prétention doublée d'ignorance du *lapideur*.

Tout d'abord, le lapideur ignorant pense que j'ai passé ma jeunesse sans cheveux, sans traits plus fins, sans simple menton et sans taille fine. L'effort d'imagination demandé pour envisager la vérité va bien au-delà de ses capacités intellectuelles, aussi, laissons tomber.

Si je parle de prétention maintenant, c'est que le lapideur prétentieux sait mieux que la Vie elle-même comment il aurait fallu me créer et comment il aurait fallu que j'évolue physiquement. Lui qui n'a créé ni planètes, ni mers, ni montagnes sait mieux que la Vie (qui a créé tout ça et qui m'a créé), comment j'aurai du être.

Si j'avais du être beau, je le serais…

Mais au fait, pourquoi suis-je venu au monde ? Pourquoi y a-t-il des lions, des gazelles et des éléphants ? Et pourquoi y a-t-il des lions plus chétifs que d'autres ? Des gazelles plus intelligentes que d'autres ? Des éléphants plus foncés que d'autres ? Pourquoi n'est-on pas tous identiques ? Réponse : **nous n'avons pas tous les mêmes choses à comprendre et donc à expérimenter ici-bas**.

Si je dois ramasser les poubelles de mon quartier, alors je prendrai un camion-poubelles. Pas une *Ferrari Testa rossa* ou une *Porsche Carrera*. Le camion poubelles, ce n'est pas son rôle d'être beau.

Maintenant, si vous pensez que vous êtes venus sur terre pour ne rien apprendre, pour ne rien expérimenter, que tout est hasard, dont votre physique, alors, comme tout le monde, vous ne vous baserez que sur l'apparence. Et ça n'est pas prêt de changer.

Aussi, si l'on se croise et que vous me reprochez d'être plus proche du chimpanzé que de Brad Pitt, vous êtes tout simplement hors-sujet… Pour moi, pour la Vie. Pas pour vous, pas pour l'ignorance.

Ne vous inquiétez pas, vous avez le physique parfait pour faire ce que vous êtes venus faire ici. Entretenez ce véhicule qu'est le corps mais n'en faites pas plus. Messieurs, les cheveux qui tombent vous durcissent le visage, vous rendent beaucoup moins attirant physiquement. Ce n'est là, entre autres, que pour vous pousser à aller chercher d'autres ressources en vous. **Comment transcender certaines limites si l'on ne nous supprime pas certaines facilités ?** Une personne au physique agréable a un autre *travail* à effectuer. Mais bon, nous pouvons toujours tricher avec les implants capillaires. Magie de l'argent…

De par mes épaules, mes pectoraux, mes réserves graisseuses, je suis taillé pour résister. Pas aux effleurements de la méchanceté gratuite sur des détails physiques, non, aux choses beaucoup plus sérieuses…

Ces expériences qui ne sont pas les nôtres

Cette semaine, j'ai eu une discussion téléphonique avec Muriel, femme d'un écrivain parisien. Ce sont tous deux des amis de longue date. Elle me raconte un fait cocasse. Frédéric, son mari sort un nouvel ouvrage et, le diffuseur étant surbooké, il lui demande, à elle, d'annoncer cet évènement à un hebdomadaire local.

Muriel prend donc rendez-vous avec le rédacteur en chef du magazine en question. Une erreur est faite (mais qui sert à l'expérience) : elle se présente sous l'identité d'attachée de presse de Frédéric, prend ce rôle très au sérieux et, de ce fait, appelle une expérience qui n'a pas lieu d'être.

Entendons-nous bien, il ne s'agit pas d'éviter d'expérimenter diverses choses. Il s'agit juste de faire attention à l'état d'esprit dans lequel nous sommes. Dans le cas présent, la traduction de l'attitude de Muriel est : *je suis capable, à cet instant, au pied levé, d'être attachée de presse*. Et pourquoi pas ?

La vie écoute. « Sans entraînement, sans préparation, tu es au niveau (quel qu'il soit) d'une attachée de presse » ? Voyons voir…

C'est alors que le rédacteur en chef du magazine demande à Muriel d'écrire des articles rémunérés ! Il lui annonce qu'il est intraitable, si c'est mauvais, il le lui dira en face puisqu'il lira son article hebdomadaire en sa présence. La sanction sera donc immédiate.

En rentrant chez elle, Muriel raconte l'anecdote à son mari et se dit prête à essayer. Problème : elle n'a pas le niveau d'écriture requis. Elle pourrait l'obtenir… Après quelques années d'entraînement. Des années perdues puisque la vie ne lui a jamais demandé ça. Muriel a tronqué la situation. Elle a attiré à elle une expérience inutile, une expérience supplémentaire, une expérience qui ne lui est pas destinée. Il faut faire attention à ce que l'on pense et à ce que l'on dit.

Le jour où elle a vécu cette expérience, j'ai vu un reportage à la télévision où il était question d'un champion de boxe qui s'était surestimé. Ce jeune champion du monde de boxe française a arrêté son entraînement pendant plusieurs années puis a défié le champion du monde d'un autre style de boxe. Il a essuyé son premier KO et ce, dès les premières secondes. Pas d'entraînement. Pour lui, la suite a été tragique puisqu'il a sombré dans la violence de rue et a fini assassiné.

Attention donc à la présomption. Ça me rappelle un ami qui, devant sa jeune épouse, avait laissé planer le doute sur la paternité de certains écrits, est-ce que l'auteur est bien l'auteur, est-ce que ce ne serait pas plutôt lui l'auteur réel ? La vie l'a pris au mot et l'a mis dans une situation où il n'avait pas l'inspiration et le style pour écrire une simple lettre. Et son épouse était là.

Ceci dit, nous ne naissons pas tous égaux. Certaines personnes sont capables de tout faire ou d'apprendre extrêmement vite. Elles ont des capacités supérieures à la normale et la vie les sollicite en conséquence. D'autres, au contraire, n'auront pas énormément de choses à expérimenter au regard de leur énergie, leur corpulence, leur intelligence, etc.

Il s'agit donc de l'accepter pour ne pas se surcharger en expériences inutiles qui vont nous fatiguer outre mesure, voire nous démoraliser…

L'attention

Si je vous interromps dans une activité quelconque en vous demandant abruptement à quoi vous pensiez, il y a deux réponses cohérentes : la première : vous ne pensiez à rien car vous étiez totalement absorbé par votre activité (0,1 % des personnes questionnées) ; la deuxième réponse : vous n'étiez pas à ce que vous faisiez et votre esprit était ailleurs. Vous avez alors immanquablement des idées noires.

Pourquoi ? Parce que le cerveau humain est ainsi fait qu'il se prépare à affronter le pire. C'est un principe naturel de survie. Ce qui est moins naturel, c'est d'être affairé à une chose et penser à une autre…

Pourquoi être affairé à une chose et penser à une autre ? Parce que les grandes questions de notre vie ne sont pas résolues, quelle activité pourrait alors avoir un sens ?

Si la vie est prise pour ce qu'elle est, c'est-à-dire une école où l'on apprend par l'expérimentation, alors elle a un sens puisque chaque instant devra requérir toute mon attention.

C'est cette attention qui remédie à une vie fade et sans intérêt. Celui qui fait les choses en pensant à autre chose ou en ne pensant qu'à la sanction ne peut porter son attention sur le moment.

Une expérience vécue avec attention vous apportera tout le savoir dont vous avez besoin car elle sera inscrite dans vos cellules. Tout le contraire d'une chose non vécue qui s'enregistrera dans l'intellect pour disparaître.

D'ailleurs, si une personne a expérimenté quelque chose et vous le transmet, elle ne pourra le faire que si vous êtes complètement attentif. Au-delà des paroles, son expérience vécue vous pénètrera. En témoignera une fatigue qui vous assaillira car l'expérience entrera en vous avec force. Rien à voir avec une personne qui vampirise votre énergie.

Avec une personne qui n'a pas vécu ce qu'elle vous dit, vous ne ressentirez rien, ce sera creux, il n'y aura pas de réel échange.

Le plaisir que nous tirons du fait que notre attention soit complètement absorbée dans ce que l'on fait dans le moment (conversation, visionnage d'un film, etc.) fait partie du remède à une vie fade et sans intérêt.

Comme beaucoup de solutions qui fonctionnent, celle-ci n'est pas excitante et c'est bien normal car ce n'est pas une solution, c'est juste un oubli qui doit être réparé pour accéder à la magie de la vie.

Passage à l'acte

Lors d'un déplacement à Montpellier avec Christophe, nous avons encore eu *en live*, un exemple frappant du fait que, pour beaucoup, la mise en pratique d'une consigne simple n'est pas chose naturelle. Trop d'intellect.

Assis en terrasse sur la place principale de cette belle ville, nous avons rendez-vous avec trois Niçois. Des *p'tits jeunes qui n'en veulent* et qui ont besoin d'un coup de pouce pour mettre en place leur séminaire. Nous leur prêtons main forte parce qu'ils n'ont pas attendu pour passer à l'action. Il n'ont pas attendu chez eux, tournant en rond avec leurs peurs et leurs questionnements. Non, ils ont organisé un séminaire, l'ont animé, ont fait beaucoup d'erreurs et nous ont ensuite demandé conseil. C'est pour cela que nous sommes là. Cette rencontre ne sera pas un déballage de peurs et de suppositions mais un échange et un recadrage suite à une expérience vécue.

Nous remarquons que deux des intervenants sont des consommateurs assidus de blondes… Les cigarettes. Le sujet s'oriente sur l'aide aux autres. Les consignes que nous leur donnons, issues de notre expérience, sont claires : l'aide aux autres est une excuse pour s'aider soi-même. Aussi, si la vie ne vous demande rien, abstenez-vous. Dans ce cas, si les gens ne demandent rien, il n'y a pas à intervenir.

Pour résumer, donc, si le sujet ne demande rien, on ne lui donne rien. C'est d'une simplicité confondante…

Nous leur prodiguons une foule de pistes à explorer pour leur séminaire puis, voyant qu'ils fument beaucoup, nous leur posons une question : imaginons que vous vouliez aider des personnes à arrêter de fumer, que se passerait-il ?

Aussitôt, les techniques et méthodes fusent : « leur montrer des photos de poumons calcinés pour qu'ils prennent conscience», « les emmener visiter des personnes insuffisantes respiratoires ou atteintes d'un cancer dû au tabac », etc.

S'ensuit une discussion animée entre les trois Niçois sur la meilleure façon de procéder. Ils sont intarissables.

Nous mettons fin à cette folie en leur rappelant la consigne de départ : si le sujet ne demande rien, on ne lui donne rien.

Ils s'arrêtent, hébétés et confus.

Eh oui, nous pouvons constater dans cette belle comédie qu'il y a un monde entre *comprendre intellectuellement* et *mettre en pratique* dans la vie de tous les jours…

Vivre de sa passion

Voici une belle expérience. Celle de Jean-Claude. Un homme qui s'égare dans les tréfonds de l'ignorance.

Je connais les réactions de mes détracteurs qui me disent de le laisser faire son expérience et sortent donc la fameuse tirade : « comment sais-tu qu'il ne doit pas vivre cela » ?

Tout d'abord, Jean-Claude vient me demander conseil parce qu'il est paumé. C'est sûr, je peux le laisser errer dans ses erreurs durant plusieurs années. Mais celles-ci, maintes fois répétées, se sont muées en fautes. Et la perte de temps engendrée par ces fautes devient préoccupante. Aussi, devant sa demande à l'aide, j'interviens.

Il ne réussit pas dans son activité. Mais quelle est l'activité de Jean-Claude ? Eh bien, parce que Jean est curieux et Claude un gros fainéant, il décide un jour de sauver la planète.

Oui, il est toujours plus facile de défendre une cause extérieure à soi plutôt que de se pencher sur la sienne. Il est plus simple de s'attaquer au mal-être d'autrui, même s'il est planétaire, plutôt que de prendre les rênes de son existence.

Toujours est-il que nous voilà en présence de Jean-Claude qui souhaite animer des stages pour enfants sur la découverte et le respect de la nature. Ces stages, très *bon enfant*, se présentent sous forme de jeux, de découverte avec les cinq sens… Aussi, ne suis-je pas surpris quand il m'envoie ses plaquettes publicitaires sur lesquelles figurent des photos dont un enfant enlaçant un arbre.

Comme beaucoup de personnes qui veulent se lancer sans vouloir se lancer, Jean-Claude accentue son début d'activité sur ses plaquettes publicitaires. Textes, photos, couleurs, mise en page… Des heures passées devant l'ordinateur… Loin, très loin de l'action. Mais, qu'est-ce que l'action dans ce cas précis ? En tout cas, elle se passe dehors. Dans la rue. Dans la vie. En démarchage. Les structures accueillant des enfants ne manquent pas et il y a de quoi y passer de longues journées, du matin au soir. Prise de rendez-vous, passage du premier barrage : la secrétaire, présentation du projet, même avec une plaquette de pub succincte… Ou rien dans les premiers temps car, justement, ces rencontres permettront de cerner la demande, de la préciser et donc de pouvoir y répondre et d'imprimer l'offre sur papier publicitaire.

Mais Jean-Claude est un rêveur, un *fleur bleue*, peu en prise avec la réalité… Souvent économique.

Jean-Claude doit travailler ses *points faibles*, ou plutôt ses *points à développer*, dirons-nous pudiquement. Quels sont-ils ? Le démarchage, la négociation, la vente, bref, la réalité commerciale qui le sortira de sa forêt peuplée de lutins, d'elfes, de farfadets en culottes courtes et autres gnomes. Je remarque, pour l'avoir côtoyé quelque temps, qu'il est opportuniste mais qu'il a un problème avec l'argent (il en manque cruellement). Il n'y a pas trente-six solutions pour Jean-Claude : il doit exercer, par exemple, le métier de commercial. La vente. Sûrement diabolise-t-il ce métier de commercial, probablement lui fait-il peur, et pourtant…

Beaucoup ont essayé de vivre de leur passion. Comme s'il n'y avait qu'une passion dans la vie et que nous devions l'exercer jusqu'à la fin de nos jours. Or, pour celui qui est à l'écoute de la vie, celle-ci présente de nouvelles opportunités d'expérimentation diverses. Tout peut alors être passionnant sur le moment.

Je connais un ami, passionné de VTT, qui exerçait un métier peu intéressant et qui pratiquait sa passion tous les week-ends, vacances et jours fériés. Puis, il décide de *vivre de sa passion* et devient organisateur de randonnées VTT. Il survit à peine financièrement. Il est en galère. Mais il persiste et se voit bien à 60 ans (c'est-à-dire dans 30 ans) organiser encore des randos VTT.

Pour lui, il n'y a que le VTT dans la vie et, selon ses dires, il est né pour ça. Or, nous ne naissons pas sur un VTT. Ou bien nos mères auraient du souci à se faire à l'accouchement ! « Poussez madame, attention ça va faire mal, c'est le pédalier » ! Non, plus sérieusement, nous naissons avec un cerveau sans limites, un corps, nos cinq sens et donc, toutes, absolument toutes les opportunités possibles. Pourquoi se limiter à une seule, quand, régulièrement, la vie nous présente diverses opportunités à l'horizon ?

Si nous restons bornés sans voir ce que la vie nous propose, alors nous passons à côté de notre vie.

Rien que dans le sport, alors que je pratiquais le karaté, une personne m'a prêté un VTT. J'ai pratiqué. Cela m'a permis d'expérimenter, entre autre, les fonctions de président de club puis de directeur de centre. Une personne insiste alors pour m'initier à l'escalade. Et quand je dis *insister*, c'est réellement avec insistance. « Quoi ? Ce sport de danseuse avec leurs ballerines ? Jamais » ! Répondis-je. Oui, j'étais très ouvert d'esprit, à l'époque… Bien sûr, j'ai cédé. Cela m'a permis, entre autre, d'expérimenter l'enseignement de l'escalade au niveau fédéral… Puis de rencontrer ma future épouse dans une salle d'escalade. Aujourd'hui, une personne m'a mis une raquette de tennis entre les mains. « Quoi ? Ce sport de bourgeois » ? Je plaisante, je me laisse faire, comme d'habitude et ça me plaît déjà.

J'ai parlé du sport en tant qu'exemple, il en va de même, bien sûr, dans tous les domaines de la vie, sur les plans professionnels, géographiques, mais aussi personnels, etc. Nous n'avons pas *un* cheval de bataille, nous avons un haras infini…

Bon sens ou signes de la vie ?

Annette doit prendre une décision pour la suite de son cheminement professionnel et personnel. Le bon sens peut intervenir mais il est bon de faire un récapitulatif.

Comme toute la famille doit bouger dans ce déplacement, adultes et enfants, rien n'est à prendre à la légère. **C'est le moment ou jamais de ne pas confondre insouciance et confiance. Et encore moins bon sens et signes de la vie**.

Annette est au fait des signes de la vie. Elle ne peut ignorer qu'ils existent puisqu'elle les voit. Et ce qu'elle voit ne lui plaît pas du tout. Les signes arrivent, nombreux, qui répètent en boucle qu'il faut déménager alors que la scolarité des enfants se déroule sans problèmes, qu'ils ont leurs copains, leurs copines…

La destination revient en boucle, toujours la même et c'est la que le bât blesse : c'est un pays étranger… Et musulman. Annette est assez intelligente pour ne pas faire l'amalgame entre musulman et extrémiste… Mais dans ce pays, il y a les deux. Son bon sens est bousculé quant à la protection de sa famille mais bon, pourquoi pas ?

Puisqu'elle est Française, ainsi que toute sa famille, il faut dénicher une école française. Cette décision est frappée au coin du bon sens. Sauf que… Si la vie en décide autrement, le bon sens devra rendre les armes.

Si les signes guident Annette vers une école locale ou anglaise, par exemple ? Que faire ? Comment le bon sens saura que tel professeur est la personne idéale pour cet enfant français ? Qu'ils s'étaient donné rendez-vous ? Que c'est la meilleure chose qui puisse arriver, à ce moment là, à cet enfant ? Que ce professeur va révolutionner la vie de cet enfant ? Le préparer à ce qu'il doit accomplir par la suite ?

Réponse : le bon sens ne le sait pas. Il ne peut même pas l'envisager car il est pris à contre-pied. Tandis que la vie nous guide par signes puisqu'elle a déjà lu le livre de notre vie, le bon sens, lui, se base sur des faits logiques mais reste aveugle quant à la finalité.

Alors, le bon sens, oui, bien sûr, mais il reste subordonné à la guidance de la vie.

Confort

Est-ce que notre vie correspond à ce que nous décidons ? Tout de suite, le réflexe est de lister les conditions extérieures censées nous apporter le bonheur : conjoint, enfants, travail, maison, voitures, etc.

Est-ce que le bonheur est au rendez-vous ? Non. Il y a quelque chose, je ne sais quoi, qui cloche. C'est en moi et j'ai l'impression qu'une nouvelle voiture n'y pourra rien changer.

Je pensais que le confort allait m'apporter la quiétude, la tranquillité de l'esprit. Il n'en est rien. Au contraire. Où sont passées mes années de folie où je ne faisais que passer à mon appartement ? J'étais tout le temps dehors. Toujours en mouvement. Plein de projets. Plein de vie.

Peut-être est-ce déjà trop tard. Peut-être sommes-nous déjà anesthésiés et sommes-nous même dans l'incapacité de renoncer à ce confort ? Ce confort qui, je commence à m'en douter, serait une piste sérieuse à explorer quant la cause de mon mal-être.

Arrêtons là ce faux suspens : tout confort est un arrêt. Certitudes jamais remises en question, même travail pendant des années, même décor de vie, etc. Pas d'évolution, pas de changement.

Le confort agit tel un garrot. Cette entrave, serrée autour du muscle, empêche le sang (la vie) de circuler. Les toxines s'accumulent car le sang ne peut plus transporter l'oxygène. J'étouffe. Je m'empoisonne.

Sommes-nous capables de renoncer à ce confort et de repartir de zéro ? Avons-nous suffisamment foi en nous ? En notre capacité à atteindre nos objectifs ? Et, avant cela, avons-nous encore assez d'enthousiasme pour nous créer des objectifs ?

Notre devoir et notre responsabilité d'Homme est de ne jamais abdiquer. Nous devons toujours rester vigilants et être prêts à sacrifier notre confort pour tenter d'obtenir l'enseignement vrai : celui que nous dispense la vie.

Nous avons toujours le choix de nous remettre en question et de faire le grand saut. Une part de ce à quoi nous renonçons passe par l'humilité, la force de caractère et l'honnêteté que nous nous devons à nous-mêmes.

J'ai retrouvé une partie de ce qui est dit ici dans les propos de Réal Fortin : *Les gens qui s'assoient dans leurs habitudes et leur confort deviennent artificiels, vaniteux et prétentieux. Ils ne sont, en réalité, que les fantômes de leur propre existence…*

Comment la vie nous parle… De nous

Celui qui veut la paix n'aura que la guerre tout au long de son existence jusqu'au moment où il se posera la question : pourquoi ?

Alors, cela deviendra très clair. Et en voici la raison simplifiée :

Celui qui veut le calme aura le bruit !

Celui qui veut la paix aura la guerre !

Celui qui veut des richesses aura des fins de mois difficiles !

Celui qui veut le bonheur, ce dernier le fuira comme la peste !

Celui qui veut l'amour aura le contraire !

Dans ce monde d'ombre et de lumière, la vie utilise le contraire pour nous faire comprendre et expérimenter les différentes facettes de notre vie. Voici un exemple : si je cherche la confiance en moi, la confiance en la vie, alors celle-ci m'offrira l'adversité. Au cœur de cette tourmente, je découvrirai les réponses à mes questions. Comment ? Via les mises en situation que la vie met sur mon chemin. Je n'ai juste qu'à les expérimenter, ne pas les refuser. Il faut, pour ce faire, fusionner avec les expériences et faire corps avec elles pour les transcender. Pas de demi-mesure.

Les *problèmes* nous obligent à trouver des options différentes. Nos soi-disant problèmes nous forcent à sortir de nos zones de petit confort illusoires, nos *planques* pas si confortables. Nous sommes alors poussés dans nos retranchements, nous devons faire des choses inhabituelles, de celles que nous aurions qualifiées auparavant de *pure folie* ou d'*impossible*.

C'est peut-être cela notre vraie mission ici-bas ?

Les expériences de la vie quotidienne nous apprennent à nous découvrir, elles sont là pour ça et nous sommes là pour ça. *Connais-toi toi-même et tu connaîtras le ciel et les dieux*.

L'ouvrage que vous venez de lire vous donne non seulement des exemples réels de prise de conscience de qui vous êtes au travers des expériences du quotidien, mais vous donne le mode d'emploi : la vigilance, les cinq sens grands ouverts…

Pour tout renseignement quant aux activités de l'auteur (séminaires…) :

www.homme-vrai.com

Tel : +33 (0) 6 85 97 01 23

Cet ouvrage a été achevé d'imprimer en décembre 2009
dans les ateliers de Normandie Roto Impression s.a.s.
61250 Lonrai (Orne)
N° d'impression : 09-4153
Dépôt légal : décembre 2009

Imprimé en France